Manuel pratique d'

Ascension

Guide d'éveil et de guérison pour les Êtres Étoiles

Ouassima Touahria

Ouassima Touahria
Manuel pratique d'Ascension, guide d'éveil et de guérison pour les Êtres Étoiles

ISBN : 978-2-9817026-4-7

Révision linguistique : Odile Maltais
Infographie et mise en pages : Ouassima Touahria

Note : Le contenu de ce livre s'adresse aux personnes qui souhaitent faire du développement personnel et spirituel, changer leur vie et continuer leur chemin d'ascension de la meilleure façon qui soit pour eux.
Le contenu de ce livre n'est pas un substitut à aucun soin ou traitement offert par les professionnels de la santé, mais est l'opinion personnelle de l'auteure.

Il est temps de fusionner l'humain et le divin...

Journal Mystic

Pour recevoir directement une copie gratuite du journal Mystic et vous abonner à l'infolettre pour Êtres d'Étoiles, envoyez un petit mot à cette adresse courriel : journalmystic@gmail.com

Table des matières

Notions de base   8

L'ascension et la Mission de vie   30

L'ascension et la discipline   42

L'ascension : réconciliation avec ses ennemies   66

Réconciliation avec ses ennemies : le corps   70

Réconciliation avec ses ennemies : le temps   104

Réconciliation avec ses ennemies : souffrance/drame   116

Réconciliation avec ses ennemies : Vous-même   126

Réconciliation avec ses ennemies : la peur   136

Réconciliation avec ses ennemies : Parents Célestes   150

Réconciliation avec ses ennemies : les autres   160

Réconciliation avec ses ennemies : l'argent   182

Réconciliation avec ses ennemies : Réseaux sociaux   194

Réconciliation avec ses ennemies : Découvrir   210

L'ascension et l'ancrage   214

L'ascension et la démotivation   222

L'ascension et les vies antérieures   228

Trouver ses partenaires d'ascension : les Unités de conscience   236

Quelques outils d'ascension   **260**

Quelques notions et réflexions   **270**

En conclusion   **278**

Moment de gratitude !   **282**

Section : Des mots à nu

☐ Mot à nu : La canalisation 23
☐ Mot à nu : La discipline 43
☐ Mot à nu : Bénir 59
☐ Mot à nu : Célébrer 62
☐ Mot à nu : le jeûne 89
☐ Mot à nu : Le sport 102
☐ Mot à nu : Le temps 106
☐ Mot à nu : La méditation 109
☐ Mot à nu : L'obstination 117
☐ Mot à nu : Le drame 120
☐ Mot à nu : La culpabilité 129
☐ Mot à nu : La peur 137
☐ Mot à nu : Introverti 162
☐ Mot à nu : Bizarre 163
☐ Mot à nu : La protection 173
☐ Mot à nu : L'abondance 186
☐ Mot à nu : La dépendance 197
☐ Mot à nu : L'enracinement 215
☐ Mot à nu : La démotivation 223
☐ Mot à nu : Le Karma 229

Le fait que vous ayez ce livre entre vos mains veut dire qu'une partie de vous est consciente de votre éveil. Vous êtes en état d'expansion et votre ascension vous amène sur de nouveaux... ou plutôt d'anciens passages...
Vous commencez à percevoir les différentes réalités qui existent...
Et vous entendez un Rappel ...
C'est le moment...

D'être réactivé.

Partagez les inspirations de ce livre aux autres Êtres étoiles avec ce hashtag :
#manuelascension

Commençons

Avec la conscience qui s'élargit, les Hommes se rappellent leur origine et veulent la retrouver, non dans les étoiles, mais ici sur Terre.
Les retrouvailles commencent dans le temple intérieur des Hommes, appelé « le cœur ».

Avec ce livre, je veux vous aider à retrouver le chemin de retour en alliant un discours de cœur et un discours de logique, car ce sont deux facettes de nous qui sont complémentaires et essentielles pour la Nouvelle Planète que nous préparons.

Nous abordons dans la première partie certains concepts de base qui vous aideront à comprendre mon langage dans ce manuscrit.
Dans les parties suivantes, nous abordons les principales questions qui surviennent lorsqu'on entreprend notre ascension: qu'est-ce qu'une mission de vie ? Comment développer une discipline « constructive » pour ascensionner ? Comment se réconcilier avec ses ennemis sur ce chemin ? Et l'ancrage dans tout ça ? Est-ce que les vies antérieures existent ? Qu'est-ce qu'une unité de conscience ? Qu'est-ce qui peut nous aider dans cette aventure ?

Les mots

Sur ce chemin d'ascension, l'usage des mots est important.

Les mots sont les piliers du lendemain et les marches vers l'avenir.

Des mémoires de douleurs et de souffrances ont voilé les mots; certains suffoquent et ont besoin de retrouver leur lumière originelle.

*Les mots veulent nous aider dans nos mandats sur Terre.
Il est donc temps... de mettre les mots à nu.*

Dans le but de redonner aux mots leurs éclats et de comprendre leurs rôles dans la nouvelle Planète, vous retrouverez tout au long de ce manuscrit des redéfinitions simples accompagnées de phrases de sagesse...

Notions de base

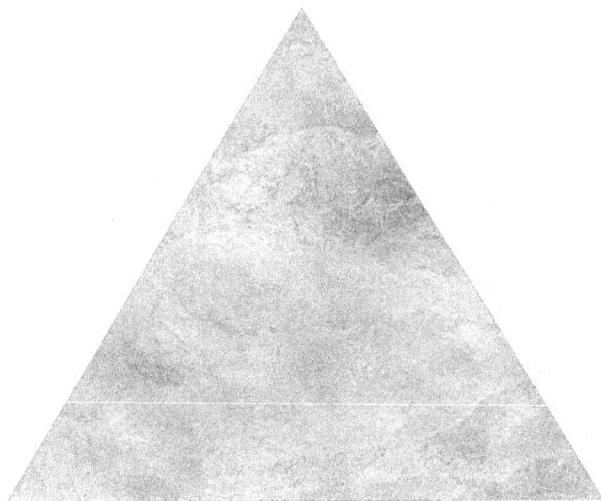

Qu'est-ce que l'ascension?

« L'ascension » est un mot qui est souvent utilisé dans les domaines spirituels, mais qui est resté longtemps un mystère pour moi. Je n'arrivais pas à mettre des mots dessus et chacun semblait le voir à sa manière.

> *On ressent l'ascension, on la vit, mais mettre des mots dessus n'est pas toujours évident !*

En me connectant à différentes Unités de conscience et à différents enseignements, j'ai pu construire une définition globale de « l'ascension », alors voici ce que l'ascension représente pour moi :

- C'est avoir une conscience du tout, ouvrir ses horizons,
- Un changement de notre taux vibratoire,
- C'est l'action de s'élever pour être un pur pilier de lumière,
- Le fait de se rappeler les lois divines,
- Un rappel pour retrouver sa Vérité,
- Une libération, on quitte les prisons de la Matrice pour retrouver une qualité de vie qui ne se base plus sur les peurs,
- C'est comme gravir une montagne avec ce qu'elle comporte de bons côtés et de côtés éprouvants,
- Un processus de nettoyage karmique et énergétique de ce qui est en nous et autour de nous, comme une sorte d'épuration de tout ce qui ne sert plus : attitudes, dogmes, personnes, etc.,
- Une réactivation des brins de l'ADN,
- Un changement au niveau cellulaire,

- Un choix conscient de l'âme pour manifester sa version supérieure sur Terre,

- Un processus qui peut prendre des jours, des mois ou des années et qui a un impact sur toute la vie,

- Un chemin de réconciliation avec ses ennemis[1],

- Comprendre que Nous sommes déjà spirituels dès notre arrivée sur Terre,

- Une connexion aux autres Royaumes[2],

- Une connexion au Un.

L'ascension ne se fait pas en ligne continue, elle a des hauts et des bas ! Mais ce qui est sûr c'est que ça s'en va vers le haut.

Le but ultime de l'ascension est de vivre dans la vérité, la justesse, le bien pour tous, y compris pour la Terre Mère, et les autres êtres.

---

1 Voir Partie: Réconciliations avec ses ennemis

2 Voir: Unités de conscience

L'ascension

Les symptômes de l'ascension

Les symptômes de l'ascension varient selon les personnes, les parcours et les périodes de vie. Certains symptômes peuvent n'apparaître qu'une seule fois, d'autres peuvent revenir de temps en temps.

En voici quelques-uns :

- Une sensibilité plus grande vis-à-vis l'extérieur: les parents, les amis, les enfants, les collègues, etc.

- Différentes émotions :

  ➢ Une sorte d'inconfort intérieur, sentiment d'insécurité, de colère, de peur, de tristesse d'origine inconnue

  ➢ Émotions avec les autres : se sentir rabaissé, petit, pas à sa place, sentiment de détresse, sentiment que les autres ne nous comprennent pas, sentiment de justifier sa façon d'être aux autres, l'impression de se cacher, sentiment de honte et d'incompréhension, le ressentiment, le déni…

- La confusion et la perte de repères: « Je ne comprends pas ce qui m'arrive, ça ne me tente plus de faire ce que je faisais, je ne sais plus en quoi croire. »

- Constater que ce que vous faites n'a plus de sens.

J'ai suivi plusieurs formations en soins énergétiques avant de comprendre que j'appliquais déjà mes soins personnalisés. Je cherchais simplement une « autorisation » et un « Cadre » pour donner des soins ! La course de formation que j'avais entreprise n'avait plus de sens, je devais affirmer ma façon d'être aussi différente qu'elle soit.

- La volonté de comprendre ce qui arrive, avec les moyens du bord: notre côté logique va tenter de mettre des explications rationnelles et essaiera de contrôler le processus d'ascension.

- Désir de retrouver l'harmonie, la paix, la tranquillité.

On prend conscience de la douleur et des souffrances qu'on a gardées en nous pendant des années voire des siècles. Cette vérité elle-même cause une blessure. On essaiera à ce moment-là de revenir à notre état d'avant. Mais, le voile est levé, ce n'est plus possible, on veut trouver une façon d'être en harmonie dans le tourbillon de l'éveil. Il est intéressant de se poser la question ici, quelle partie de nous est en souffrance et quelle partie est déjà en paix ?

• Le début d'un dialogue intérieur avec ses propres polarités: une voix positive et une voix négative ou paniquée ; des hauts et des bas fréquents, le matin on est bien, le soir on est dans la peur, la frustration, la colère, etc. Cela dit, avec le temps, ces moments de tension durent moins longtemps.

• On constate qu'il y a des parties en nous qui ont besoin de guérison ; parfois on les voit comme des défauts, avec une loupe qui agrandit x 10 ou x 100, selon les personnes !

• Les capacités extrasensorielles augmentent et certains commencent à se connecter avec des Unités de conscience : on voit des anges, des personnes décédées, etc.

• La volonté de tout faire en même temps, donc au lieu de prendre les étapes une bouchée à la fois, on décide de prendre le plat au complet ! Ce qui peut causer une indigestion spirituelle.

• On veut se lancer dans une nouvelle vie : nouvelles aspirations, nouvelles voies.

La solitude spirituelle, un grand symptôme de l'ascension

Lorsque vous vous éveillez, vous commencez à enlever le masque de « l'identité » avec lequel vous avez vécu jusqu'à présent. Le « Vous, Moi, Toi » s'effrite et tombe au fur et à mesure.

Dans ce processus, vos vibrations changent et vous ne vous reconnaissez plus, ce qui peut rendre les activités sociales difficiles. Vous changez votre vision, vous sortez de la Matrice. Mais les autres, ceux que vous connaissez, vos amis et familles, sont peut-être encore dans la Matrice. Ils continuent leur vie, ils suivent les informations à la télévision, ils travaillent dans des prisons, ils donnent leur pouvoir aux autres. Or, vous n'êtes plus attiré par cette Matrice. Quelque chose en vous a changé.

Votre entourage agit avec « l'ancienne version de vous-même », alors que vous, vous vous êtes transformé.

Vous essayez de raconter cette expérience aux autres, vous leur partagez vos nouvelles connaissances, mais ils ne vous comprennent pas ou vous croient fous.

Vous vous sentez de plus en plus seul dans cette transformation, et vous avez de la difficulté à trouver des gens qui vous comprennent, alors vous vous coupez du monde que vous connaissiez et vous tentez de créer un « Nouveau Monde». Vous essayez d'interagir avec les personnes « éveillées », vous vous attendez à être accueilli avec amour et bienveillance, mais ce n'est pas ce qui arrive, car ces personnes sont aussi dans une quête. Ils évoluent aussi avec leurs blessures et limites. Vous vous sentez encore plus seul.

Malgré ce sentiment de solitude, cette étape est une opportunité pour que vous puissiez vous reconstruire et vous rappeler. Vous faites face à vos propres « démons », vous faites le parcours de l'initié et traversez les terres remplies de fleurs et d'épines pour retrouver la rive.

Cette *solitude est partielle*, car vous serez toujours en contact avec d'autres personnes que ce soit à travers les livres ou les vidéos ou autre format.

Votre désir d'apprendre et de comprendre ainsi que votre instinct naturel de socialisation vous amèneront auprès des groupes qui ont votre vibration et qui vivent la même étape que vous.

À ce moment-là, vous voyez la rive. Vous constatez que vous n'êtes pas seul à vivre cet éveil et à le vivre de cette manière.

Plus votre corps de lumière est reconstitué et plus vous êtes en alignement avec ce qui vous donne la vie.

Vous serez prêt à rencontrer des personnes qui vous donnent la vie, avec qui vous vous sentez nourri, en harmonie.

Moment de connexion

Les relations n'ont plus besoin d'être karmiques...
Elles se baseront sur un échange de lumière et d'apprentissage
Elles deviendront un « Rappel » de la beauté en chaque être...

Qu'est-ce qu'on fait?

Que faire lorsqu'on vit ces symptômes ? Comment avoir confiance que tout va bien se passer ?

En retrouvant la foi...

Garder la foi, c'est suivre le fil d'Ariane afin de retrouver un espace intérieur, un espace où nous nous sentons en confiance au milieu de la tempête et où nous pouvons nous réfugier lorsque tout semble bloqué.

Dans cet espace, on retrouve le centre de notre être, on se reconnecte avec des Unités de conscience qui nous rassurent : Dieu, Univers, moi supérieur, anges, archanges, ancêtres, etc.

La confiance est une autre qualité à retrouver...

Avoir confiance, c'est avoir la certitude que, peu importe ce qui se passe, nous avons la capacité nous relever et de nous adapter à cette expérience. C'est aussi se rappeler que nous ne sommes jamais seuls dans ce voyage.

La confiance est l'état naturel des Hommes ; ils l'ont oublié...

L'accueil

Reconnectez-vous à toutes vos parties, ne soyez pas dans le rejet de vous-même, ne soyez pas votre propre ennemi. Accueillez-vous tel que vous êtes : une étoile qui vient expérimenter la vie sur Terre.

Soyez actif

Et poursuivez la lecture de ce livre en prenant en main votre pouvoir créateur: lisez, riez, pleurez, décidez, réfléchissez, parlez, partagez, mais surtout ne soyez pas passif et ne voyez plus votre vie se défiler devant vos yeux...

Le voyage de l'ascension

Le voyage

Quand on ouvre la cage aux souvenirs, on ne peut plus la fermer ni lui résister. Les images, sensations et mémoires remontent à tout moment, sans prévenir.

Rien n'est permanent dans la vie: l'amour se transforme en haine et la colère se transforme en pardon. Tout semble éphémère, incertain, non-acquis.

Le sol stable d'autrefois se dérobe sous nos pieds et telle Alice au Pays des Merveilles, on glisse dans le néant, un trou qui semble interminable. Mais, on réalise que ce qui semble être une chute est en réalité une montée irrégulière, avec des stations d'arrêt, de récupération où on reprend le souffle.

On continue ce voyage et au fur et à mesure, on apprend à l'apprécier, à en comprendre le sens, à voir le but de ce parcours :

D'où est-ce que je viens ?
Où est-ce que je m'en vais ?
Pourquoi ce voyage ?
Pourquoi moi ?

Les étapes du voyage

1. Le choc : fracassant, déstabilisant. Les repères disparaissent, les mots ne nous nourrissent plus, mais touchent les blessures. Le miroir se fracasse, la maladie arrête, les séparations. La fin.

2. Le déni : ça ne peut pas m'arriver à moi, je ne comprends pas, pourquoi personne ne me comprend, que quelqu'un m'explique !

3. La colère : le feu consomme tout le bois, le vieux bois. Je veux revenir à ce que j'étais, pourquoi ça m'arrive ? Pourquoi moi ? Je ne mérite pas ça ! Pourquoi personne

ne m'aide, personne ne connaît la solution. Ils me déçoivent, je suis déçue de moi-même.

4. L'impuissance : on dépose les pieds sur terre. On regarde les dégâts du vieux « Moi », qu'est-ce qui a survécu ? Qu'est-ce que je peux ramasser et reconstruire ? Qui peut m'aider ? Qui suis-je ? Je n'y arrive pas, ça me semble énorme pour mes épaules ! Qu'est-ce que je vais devenir ? J'ai besoin d'aide.

5. Le choix, À la croisée du chemin, on retrouve deux voies:

> Première voie : On est devant l'insoutenable, la déconstruction de notre réalité, on veut revenir à l'ancienne vie, on souhaite que ce qu'on a vu soit un rêve, on garde l'espoir de se réveiller de ce cauchemar. On veut être comme les autres. L'oubli est la meilleure technique.

Le cœur se ferme, oublie le chemin vers son île sacrée, sa lumière, développe la rancœur et donne libre cours à la peur. On devient victime, bourreau ou justicier.

➢ Deuxième voie : une nouvelle réalité se dresse, on comprend le besoin de l'égo, on voit des mains se tendre vers nous, elles veulent nous aider. Le cœur veut y croire, et tend à son tour vers la vie. La confiance, l'espoir, la lumière pénètrent ; on découvre une force qu'on ne connaissait pas en nous.

Le mensonge apaise, mais tue.
La vérité tranche, mais guérit.

6. La lumière : plein de rayons de lumière entrent dans la caverne sombre. Les messages fusent, des rencontres magiques nous donnent des réponses...

7. L'assimilation : comprendre le sens de l'expérience, voir les perles qui s'y cachent.

Dans cette phase, on constate une tristesse infinie en soi, il s'agit peut-être de la tristesse vécue par le passé, à cause du mensonge vécu et mis dans la lumière, ou à la tristesse du vieux « Moi » ...

8. L'espoir : pour une nouvelle vie, réalité. La mer nous porte loin de ce que nous étions ou voulions être, de nos rencontres, de vieux rêves. Nous nourrissons de nouveaux espoirs, nous construisons une nouvelle réalité, du moins pour l'instant.

Et mon pouvoir ? Apprendre à SE canaliser

Parmi les questions qu'on me pose souvent : « Comment canalises-tu ? Comment reçois-tu les messages ? Quelles entités canalises-tu ? » auxquelles je réponds naturellement que c'est ma conscience supérieure, appelé « moi supérieur ». Or, on me regarde avec des yeux perplexes...

Ces questions me plongent toujours dans une réflexion profonde sur notre sens de « Pouvoir », notre propre Pouvoir : Pourquoi canaliser d'autres entités ? Pourquoi nous considérons-nous incapables d'être « lumineux » et d'avoir des messages pertinents et des connaissances ancestrales ? Pourquoi canaliser d'autres entités que la sienne ? Pourquoi nous considérons-nous séparées des « autres entités » ?

Je vous propose aujourd'hui de mener cette réflexion ensemble, et pour le faire commençons par définir le mot « canaliser » :

En Français : Canaliser, c'est « Améliorer la navigabilité d'une rivière, en régulariser le cours.
Rassembler des choses ou des gens, les regrouper afin de les diriger dans un sens déterminé : Le service d'ordre canalisait la foule vers la sortie. »[3]

Cette définition m'a semblé loin de la définition qu'on se fait dans le milieu spirituel, je suis donc revenue à l'origine du mot Canalisation sur Wikipédia[4] (Channeling en anglais) :
« Channeling est un terme américain de la littérature New Age qui désigne un procédé de communication entre un être humain et une entité appartenant à une autre dimension (un ange, un « Maître ascensionné », une entité du plan astral, une divinité, un extraterrestre, etc.) »
Selon Dictionary.com la canalisation est : « La pratique d'entrer dans un état de méditation ou de transe pour recevoir un message transmis par un guide spirituel. »

Le mot Canalisation est donc :
Un processus qui nous fait entrer dans un état méditatif qui nous prédispose à communiquer et recevoir des messages des énergies dites « supérieures ».

Processus de canalisation

Il s'agit d'étapes successives :

1. Entrer dans un état méditatif : Un espace de paix et de Zénitude qui nous permet de communiquer.

2. Recevoir des messages : utiles pour nous et les autres.

---

3 www.larousse.fr
4 https://www.wikipedia.org

3. Être en contact avec d'autres plans : on parle de contacter des énergies « supérieures » et c'est là le bémol... et si ces énergies étaient NOUS.

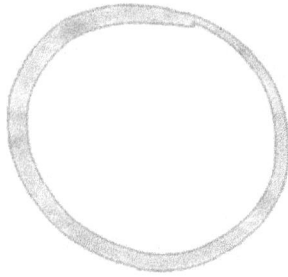

Moment de connexion

Qui suis-je ?
Je suis une étoile qui vaut des milliers d'étoiles,
Je suis une extension du Créateur.
Une extension qui est venue sur Terre pour manifester la Vie.
Je suis une centrale de communication télépathique avec tous les êtres, avec tout ce qui vit, avec le TOUT.
Je suis Tout.
Je suis un être de métamorphose, je change de forme, d'énergie, d'humeur, de pensées, de lieu, de tout.
Je suis un Super-Héro, je traverse le temps et l'espace. La nuit, je voyage dans les univers, je vais aux universités de l'Être, je reconnecte avec ma Source, avec Moi.

Vous êtes un être supérieur, vous êtes connecté à ce qui se passe de l'autre côté de la Terre et de l'univers. Chaque goutte de pluie fait partie de vous, chaque être que vous croisez fait partie de vous. Chaque information qui entre fait partie de vous. Chaque Archange que vous rencontrez est une version de Vous...

Cette Vérité ne peut être assimilée par nous tous encore, alors, on la projette à l'extérieur de nous, pour nous permettre d'agir et de communiquer avec l'être supérieur que nous sommes.

Chacun de nous est capable de se reconnecter avec cette Vérité, à son rythme et à différents degrés pour la manifester sur le plan « terrestre ».

*Lorsque Dieu voulut amener plus d'harmonie
sur Terre, il te créa. inconnu*

Le Un est LA réalité, LA Vérité.

Lorsque vous embrassez cette Vérité totalement, vous constatez que vous êtes comme dans Matrix, un ensemble de numéros, d'énergies fluides, interconnectées et mutables, qui peut se transformer, s'élever jusqu'à ne plus exister, jusqu'au Néant.

*Nous l'avons dit.
Un.*

Les vérités multiples

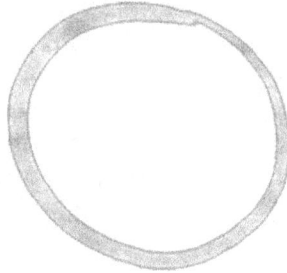

Moment de connexion

Dans cette réalité de Un, il y a plusieurs reflets...
Tel un diamant qui brille de mille feux
Plusieurs l'observent de leur balcon
Chacun est censé voir un reflet différent
Et ce reflet devient sa clé
Mais si vous regroupez TOUS ces regards
Vous avez la vision globale du Diamant.
Vous avez le Un...

Le regard global du Un.
Chaque regard est une clé du Un,
Nous regrouper nous fera connaître ce diamant

Le plus vieux mensonge que vous pouvez trouver dans toutes les civilisations est l'illusion de séparation : croire que la lumière est extérieure à nous et que nous y sommes indignes. Cette croyance nous a amenés à entrer en conflit avec nous-mêmes et avec les autres.

> *Mon reflet est le meilleur, ma version du diamant est la meilleure, ma vue est la meilleure.*

Dans cette course compétitive, on amasse jugements, colère, autocritique, auto-sabotage et auto-détestation.

Nous avons oublié que nous avons, chacun, une clé que nous devons reconnaître afin de manifester l'expression de Dieu/Déesse sur Terre.

De cet oubli résultent toutes les sociétés actuelles. Elles se basent sur la séparation et la compétition :

- Voyez les écoles et les universités où on ne reconnaît pas les clés de chacun. Voyez le domaine sportif.
- Voyez les compagnies et les banques basées sur le mensonge et l'individualisation.

Nous savons que ce fonctionnement cause de la souffrance pour nous tous, y compris les plantes, arbres et animaux. Alors nous tentons de changer ces systèmes encore avec la même logique de séparation, on se révolte, on se bat, et dénonce.
Comprenez bien, il est tout à fait louable de sensibiliser nos frères et sœurs par rapport à l'absurdité de ces systèmes, défendre la planète et les autres êtres est un Mandat sur terre. Mais commencez d'abord par :

- Une action : revenez à votre balcon et observer le reflet du Diamant
- Un rappel : rappelez-vous Votre Clé

- Une Manifestation : manifestez ce reflet sur Terre et partagez-le avec les autres.

En manifestant votre clé, vous devenez un exemple vivant et vous inspirez les autres, vous les encouragez à retrouver leur reflet du diamant.

Le Diamant : Un

L'ascension

et la Mission de vie

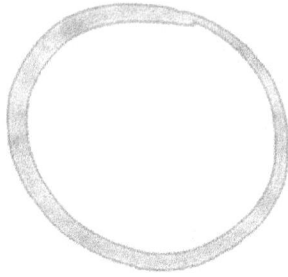

Moment de connexion

La mission de vie
Vous donne envie de vivre
Vous donne la force de survivre
Le courage d'avancer
L'espoir du lendemain
Les idées pour créer

Elle vous fait oublier le temps
Le temps se crée
La foi se consolide
Les liens se tissent
Les rêves voient le jour.

Lorsqu'on entreprend ce parcours de « rappel » appelé l'ascension, on commence à se questionner sur sa raison d'être sur Terre : quel est le sens de la vie en général et le sens des épreuves en particulier ?

- De l'extérieur : on constate à ce stade, sans tout comprendre nécessairement, qu'il y a un « sens » aux événements, qu'il y a un fil qui relie les expériences et qui « nous pousse » vers une direction.

- De l'intérieur : on redécouvre le fluide de la vie, on remarque qu'il nous mène vers une passion, une décision. On se sent poussé de l'intérieur vers ce qui nous nourrit, ce qui nous fait plaisir, et ce qui nous est le plus naturel et facile.

De là émerge une vision plus large et plus claire qui rassemble l'intérieur et l'extérieur. Elle nous montre notre place dans le monde et ce que nous sommes venus faire...
C'est la Mission de Vie.

Une Mission, un Mandat

La mission de vie est un ensemble de mandats que vous êtes venu accomplir sur Terre. Elle vous vient naturellement et facilement, elle vous nourrit tout autant qu'elle nourrit les autres.

Sachez que vous n'avez pas une seule mission de vie, mais PLUSIEURS !

Dans chaque mission de vie, il y a plusieurs chapitres, des « stations » d'arrêt et de transformation.

La mission de vie se réalise de façon fluide pour soi. Malgré les obstacles et conflits extérieurs et intérieurs, on reprend la route le lendemain avec autant d'enthousiasme et de naturel.

Une mission, une expérience

Il n'y a pas de Grandes ou Petites Missions de vie.

Nous n'avons pas besoin d'un grand « emploi » ni d'être un « Héros » pour être sur sa mission de vie. La mission est Vous et elle se manifeste à travers vous, peu importe le contexte. Par exemple, il se peut que votre mission soit d'enseigner, ce que vous pouvez faire avec vos enfants, avec vos voisins ou à l'université. Dans tous les cas, vous déployez votre essence qui est de *partager des connaissances et faciliter leur intégration pour les autres*.

Parfois, la Mission de vie se manifeste dans les milieux et les événements qui nous sont les plus difficiles : la famille, la vie de couple, les emplois, l'école, la maladie...

C'est là qu'on donne des leçons et qu'on en reçoit, *car la Mission de vie est un ensemble de leçons*, que nous apprenons et nous transmettons... naturellement, malgré le contexte difficile.

La Mission, l'Essence et le Un

La mission de vie est le Plan divin de la personne, son Essence, son Oxygène, sa Valeur.

Certaines personnes véhiculent l'Amour comme Essence et Valeur, d'autres personnes véhiculent la Discipline, l'Honneur, l'Aisance ou la Facilité.

Donc, un de nos mandats est de transmettre ces Essences/Valeurs aux autres, ou de les réveiller encore une fois à certains endroits géographiques.

La mission de vie, c'est aussi reconnaître Sa Vibration, son Essence, Ses Valeurs d'âme.

L'individu vient sur le plan terrestre pour les réveiller = auprès d'individus et d'endroits.
Tout cela se passe selon le plan divin, la musique céleste dont le mental ne saisit pas toute l'immensité.

En premier, nous devons faire un chemin intérieur et reconnaître cette Valeur/Essence en nous-mêmes, cela se fait à travers plusieurs expériences et initiations.

Une mission de vie, c'est embrasser, épouser, rassembler sa Totalité pour être l'incarnation du Un sur Terre.

Nos emplois et la Mission de vie

Le travail est une « station », un terrain d'expérimentation dans lequelle on donne de nous-mêmes et on prend certaines vibrations et leçons.

Il est important de reconnaître sa part de responsabilité comme âme à choisir précisément un emploi plutôt qu'un autre. Effectivement, l'âme choisit son chemin et les « stades d'expérimentation » avant même de s'incarner sur le plan terrestre.
Au fur et à mesure que l'âme avance sur son chemin, elle s'envoie/reçoit des marques/signes lui indiquant les prochaines étapes et les « meilleurs choix pour manifester son essence »...

Manifester son essence est le cœur de vos Missions de vie.

Plus nous sommes alignées à « nos missions de vie », le plus nous avons de l'énergie, le fluide de la vie est fort et nous pousse vers une direction, une passion.

Par exemple : l'écriture vous attire et vous procure de la joie, c'est un signe, un message que l'écriture puisse être un « emploi » ou « un domaine d'activité »... et donc une « station » qui vous permettra de partager votre Valeur/Essence dans le but d'être uni.

L'écriture n'est pas la Mission de vie, mais le moyen de la manifester

Autre exemple, si votre Valeur/Essence (et donc Mission de vie) est de « rappeler aux gens la beauté », vous pouvez choisir différents emplois pour la transmettre :

- Aider les compagnies à se mettre en beauté grâce au marketing, le design graphique, ou le design intérieur/extérieur.

- À travers des métiers reliés aux soins de beauté (coiffeur, professionnels en esthétique, etc.)

- Peut-être la sculpture ou l'art...

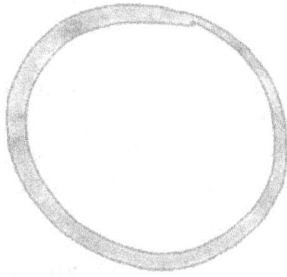

Moment de connexion :

Pour retrouver votre mission
Rappelez-vous votre Essence
Suivez le fil de vos Valeurs,
De vos mémoires et vos désirs,
De vos passions et vos talents
Qu'est-ce qui vous rend joyeux ?

Se sont tous… des signaux
Que vous envoie votre âme
Pour être en mission…
Pour Être…
Pour vous sentir vivant
En vibrant dans le bonheur
Et la joie

Aider les autres n'est pas une mission de vie, mais un désir d'être aidé.

Aider les autres est aussi une « station » dans laquelle vous exprimer votre « Essence »

Tout ce que vous faites ou pensez, toutes les personnes que vous rencontrez... ce sont tous des « stations » pour être Un.

Dès la naissance, nous sommes « en mission » et ça ne finit que lorsque l'âme quitte son corps physique, un autre travail commence alors.

Comment puis-je connaître mon Essence, ma Valeur ?

Si vous suivez les signes de votre âme, ceux qui viennent de l'intérieur et de l'extérieur, vous saurez que votre métier ne ressemble à aucun autre métier, votre chemin et votre Essence sont uniques.

En essayant de rentrer dans les cadres et stations des autres : « je veux être médecin, je veux être comptable, etc. », vous vous éloignez de votre Essence. Vous risquez de vous perdre et de vous sentir frustré et en manque de Vie. Vous cherchez à combler ce manque avec des objets, des maisons, des voyages, mais ça n'ajoute qu'au gouffre dans lequel vous vous êtes mis.

Alors, suivez vos propres signes. Tout ce que vous avez à faire c'est d'être à l'écoute et de suivre ce fil.

C'est bien simple de dire ça à quelqu'un qui cherche un emploi ! Mais pourquoi chercher un emploi ? Pourquoi ne pas le créer selon son propre univers et ses propres Valeurs/Essences ?

Vous avez souvent attendu que la solution vienne à vous de l'extérieur, mais elle est déjà à l'intérieur.

D'où l'importance des lois universelles. Vous êtes en train de créer un Nouveau Monde. Il n'y a plus d'employés, seulement des collaborateurs, des créateurs.

L'abondance n'est pas la Mission de vie, mais l'issue naturelle d'être aligné sur sa mission de vie

Votre mission de vie, c'est ce que vous véhiculez, pas ce que vous faites

Lors de nouvelles rencontres, et après plusieurs tentatives pour bien prononcer mon nom « Ouassima » (ce n'est pas gagné du premier coup, on s'entend, ce n'est pas un nom commun) on me bombarde de la question fatale : « Que fais-tu dans la vie ? »

Et là… Que dois-je répondre ? Je suis guide ou je fais du coaching ?

Vous me direz : « c'est quoi la différence entre les deux ? » Et bien, regardons ces trois définitions :

- Le verbe « Être » : l'expérience d'être vivant et conscient de l'énergie créatrice qui coule en soi.

- Le verbe « Faire » : agir, accomplir une activité, mettre en place, etc.

- Le verbe « Avoir » : représente notre relation avec les êtres et les choses qui nous entourent.

Lorsqu'on nous pose la question : avez-vous une voiture ? On répond avec le verbe « avoir » : j'ai une voiture ! Et non, je « suis » une voiture !

Alors, pourquoi répondre à la question que « faites » vous ? Par : je « suis » !

Être en mission, c'est justement… Être

On s'identifie à ce qu'on fait ; si nous ne faisons rien, nous ne sommes rien !

« Faire » ce n'est pas « vivre, être ».
Chacun de nous a mille-et-une mission de vie :

- explorée,

- en attente d'être découverte,

- ou à jamais inexploitée.

Nous mettons en œuvre nos essences à travers différentes « stations » et expériences : on dessine, on chante, on danse, on aide, on partage, on anime, on coordonne... Et tout ceci en même temps ! Nous sommes donc REMPLIS de talents, remplis de Vie... et c'est bien plus qu'un « emploi ».

Nous sommes actions, mais aussi... émotions,
pensées, respirations, corps, et bien plus...
Nous SOMMES !

Après avoir accompagné des personnes âgées pendant plusieurs années, j'ai pris conscience de l'amertume, le regret avec lesquels ces individus vivent et la nostalgie qu'ils ressentent par rapport à leurs vies passées : « J'étais pilote », « j'étais professeur »...

En prenant la retraite, certains foncent dans différentes activités, pour se sentir encore utiles, pour être en « mission » ou pour rattraper le temps perdu.
D'autres prennent une retraite de « la vie », car elle devient morne, ennuyante ; ces personnes ne se sentent plus utiles ; ils n'ont plus de place dans le monde.

N'est-ce pas à cause de notre compréhension erronée de la « Mission de vie » et de « l'emploi » ? D'un faux usage du verbe « être » ! D'être toujours dans le « Faire » !

Observez, en vous-même, l'impact de Vous définir avec un emploi, ressentez-le avec tout votre être et dites fort :
« Je suis médecin. »
« Je suis sans emploi. »

« Je suis chauffeur de taxi. »
« Je suis artiste. »
...

Exercice

Quelle empreinte ces phrases laissent en vous ?

Chacune de ces phrases peut entraîner l'individu dans un tumulte émotionnel : la fierté ou le regret, le sentiment de supériorité ou d'infériorité, l'impuissance ou la volonté, l'envie, la jalousie, le respect ou la crainte...

Sortons de ces définitions absurdes !

Lorsqu'on se définit avec ce qu'on fait, on se réduit ! On ne respecte plus son Essence et ses Valeurs ! On ne comprend pas encore sa raison d'être sur Terre.

Moment de connexion

Rappelez-vous que vous êtes grand,
avec des capacités énormes, des talents multiples,
des possibilités infinies !

Vous êtes un humain lumineux
avec un très grand potentiel.

Votre sourire est votre mission de vie,
votre présence est un miracle en soi sur cette terre.

Vous avez des chances inouïes,
Choisissez celleS qui vous conviennent.
Vous êtes libre d'en profiter
quand et comme vous le souhaitez...

Et enfin...
Tenez votre mission de vie dans votre main
comme un feu qui vous réchauffe,
mais ne tenez pas aux « stations »,
car elles peuvent changer.

Votre tristesse et confusion
viennent de votre attachement aux stations,

Libérez-vous-en
Essence, Valeur... Clé.

L'ascension et la discipline

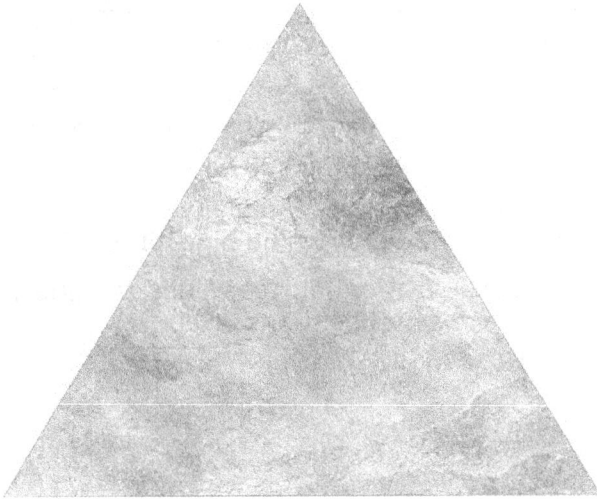

Qu'est-ce que la discipline ?

Mot à nu : La discipline

Qu'est-ce que la discipline ?

Parmi les définitions citées par le Larousse pour le mot « Discipline » :

- Règle de conduite que l'on s'impose, maîtrise de soi, sens du devoir

- Sorte de fouet utilisé pour se flageller dans un but de mortification et de pénitence !

Autant la discipline est importante pour réaliser nos projets dans le nouvel ère, autant c'est difficile de l'appliquer, surtout avec ces définitions !

Pendant des siècles, nous avons profité de ce concept pour nous amener là où nous sommes. Mais ce mot « discipline » s'est lié à la notion de « souffrance », de « force imposée » et de « maîtrise sur soi ». Ce raisonnement a donné lieu à d'énormes réalisations, mais aussi à de grandes contraintes :

- Au niveau scolaire et professionnel : Décrochage scolaire, burnout (surmenage)...

- Au niveau physique : malaises et maladies (système cardiovasculaire, système digestif, etc.).

- Au niveau relationnel : des liens toxiques, le règne du pouvoir, des « obligations », etc.

La discipline, notre miroir

Cette compréhension et application du mot « discipline », n'est que le miroir d'une réalité plus complexe, celle du lien qu'on entretient avec soi-même.
Le sens élevé du « devoir et d'obligation » existe en réalité pour nous aider à vivre l'expérience terrestre, en respectant la « Vie » et les « lois cosmiques ».

Or, « s'imposer » une discipline et des obligations suppose que certaines parties de nous ne soient pas d'accord, la fracture intérieure est claire à l'intérieur de nous-mêmes. Il y a :

- Une partie qui est responsable, honnête, veut avancer qu'on appellera : Super-responsable

- Une partie qui est paresseuse, ne veut rien faire, veut reculer, rester dans le connu, qu'on appellera : La paresseuse

Ces deux parties existent réellement en nous, et nous avons décidé qu'ils cohabitent de cette façon :

- La super-responsable : tu dois m'obéir, je sais mieux que toi ce qu'il te faut !

- La paresseuse : Oui, mais je ne veux pas, c'est trop strict pour moi, c'est au-delà de mes limites !

- La super-responsable : Arrête de faire ta paresseuse et fais un effort ! Tu ne veux pas avancer, tu veux rester là où tu es ! Tu n'as pas vu X comment il avance, et toi, tu restes à la même place ! Tu ne veux pas maigrir et devenir plus belle ! Tu ne veux pas réussir et devenir riche ! Tu ne veux pas..., etc.

- La paresseuse : Oui, oui, mais tout ça... ça me semble trop gros, je ne suis pas sûre, je ne suis pas à l'aise, je ne suis pas confortable !

- La super-responsable : C'est toujours comme ça avec toi, donc je DÉCIDE pour toi, je te « FORCE » et tu vas me SUIVRE ! Et j'ai décidé de travailler 12 h par jour, j'ai décidé d'arrêter le sucre, j'ai décidé de m'inscrire à cette formation, etc.

Et ainsi de suite... pour TOUTE LA VIE !
Parfois, on tente d'amadouer la paresseuse en lui donnant :

- Une récompense après un grand effort,
- Quelques jours de congés,
- Des stratégies de séduction : une fois par jour, 21 jours, 28 jours, 30 jours, etc.

Parfois ça marche : la Super-responsable et la Paresseuse se réconcilient et avancent ensemble. Mais d'autres fois, la paresseuse se rebelle et fait reculer la Super-responsable plusieurs pas en arrière : à ce moment-là, on reprend la cigarette ou un verre, on revient à un homme narcissique, etc.

Mais ça ne s'est pas arrêté là !

Nous nous sommes tellement habitués à ce modèle que nous avons cru que c'est le seul qui existe.
Nous avons même décidé de l'appliquer à nos relations extérieures, à nous « infliger » ce rapport de force entre nous frères et sœurs !
Relisez donc le même discours, mais mettez comme interlocuteurs : un père et son enfant, un couple, des collègues, et même les politiciens !

Exercice

Le jeu de pouvoir : l'imposition ou la séduction !

_____ : Tu dois m'obéir, je sais mieux que toi ce qu'il te faut !
_____ : Oui, mais je ne veux pas, c'est trop strict pour moi, c'est au-delà de mes limites !
_____ : Arrête de faire ta paresseuse et fais un effort ! Tu ne veux pas avancer, tu veux rester

là où tu es ! Tu n'as pas vu X comment il avance, et toi tu restes à la même place ! Tu ne veux pas maigrir et devenir plus belle ! tu ne veux pas réussir et devenir riche ! Tu ne veux pas... Etc., etc., etc.

_____ : Oui, oui, mais tout ça... ça me semble trop gros, je ne suis pas sûre, je ne suis pas à l'aise, je ne suis pas confortable !

_____ : C'est toujours comme ça avec toi, donc je DÉCIDE pour toi, je te « FORCE » et tu vas me SUIVRE !

Le Vrai discours

Certains humains quittent la Terre sans avoir eu cette Vraie Discussion !

Pour avoir eu cette vraie discussion, vous devez remettre vos lunettes d'Aigle afin de vous rappeler, avec clarté :

- Vos mandats sur terre, appelés missions de vie
- Votre essence, votre origine, votre nature
- Votre Unité, vous êtes Un

En mettant ces lunettes, vous voyez le vrai visage de ces personnages, vous comprenez enfin leurs besoins, et plus important encore, leurs raisons d'être.

Rassemblez ces parties en vous-même…

Trouvez un meilleur titre à donner à votre partie Super-Responsable : Le Masculin indompté, Le mental en mission, le Chevalier de feu, la Reine d'épée ?
Et votre partie paresseuse : Le Féminin libre, la Rivière tranquille ?

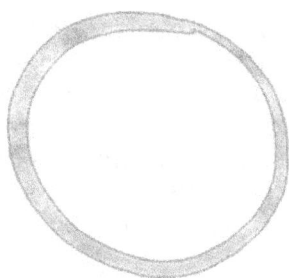

Moment de connexion :
Retrouvailles avec le masculin

Les dauphins viennent toucher votre cœur, ses pétales blancs s'ouvrent tranquillement, elles se préparent à entendre le message, subtil, mais fort de chacune de ces parties pour vous...
Vous entendez un murmure qui vient de loin, comme une brise de vent et vous reconnaissez Le Masculin indompté, le mental en mission, le Chevalier de feu, la Reine d'épée....

Elle/il vous murmure « ... Je souhaite t'aider à mettre les balises de ce que tu es venu compléter, je suis ton charriot solide qui te fait avancer, fais-moi confiance... Confie-moi tes montagnes et je les réduirais en sable sur ton chemin... »

Vous mettez la main sur votre cœur, vous avez entendu, vous avez compris, vous lui murmurez à votre tour : « Je te comprends, je te vois, je te saisis, je te fais confiance et je te donnerai mes signes, mes messages, je te dirais quand arrêter, quand patienter... »

Elle/il vous répond : « J'ai besoin que tu viennes me retrouver dans ton cœur, j'ai besoin de comprendre pourquoi j'arrête et pourquoi j'avance... Peux-tu nous rappeler notre mission/mandat sur Terre ? C'est ce qui nourrit le feu durable et sacré en moi... »

Vous vous entendez répondre : « Oui, j'avais oublié mes Mandats, je vivais selon les mœurs, les modes et des envies, mes rêves coulaient comme une eau souterraine qui m'oriente sans que je le ressente... je me connecte. Je me rappelle, je me rappelle d'où je viens... Je me rappelle ce que je viens faire... Tu es moi et je suis toi, Nous sommes sur ce chemin de rappel... ensemble. »

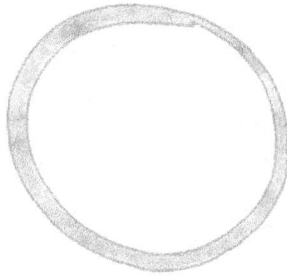

Moment de connexion :
Retrouvailles avec le Féminin

Les pétales de votre cœur s'ouvrent davantage… et vous entendez au loin les murmures du Féminin libre, telle une Rivière tranquille, mais le son s'approche et vous entendez des mots…
Des mots d'amour…

« Merci… »

« Merci de quoi… »

« Merci d'avoir pris le temps… de me laisser remonter à toi… cela fait longtemps que je voulais te parler…
Tu me disais manquer de temps… Et là, tu me donnes ce temps. »
…..
« Mon message pour toi est un message d'amour, de fluidité et d'aisance… Laisse-moi te bercer tel le vent, laisse-moi te guider tel les étoiles, laisse-moi te couvrir comme une chenille, laisse-moi respirer et être présence à travers toi… »
…
« Oui, je suis patience, mais mouvante, je suis celle qui danse sans savoir qu'elle danse… les choses viennent à moi, je n'ai nul besoin de faire d'efforts…
Je suis créativité et vie… j'ai besoin de temps pour fleurir comme les fleurs…

Lorsqu'on m'étouffe, je me réfugie sous le cap du Masculin, je deviens presque dormante, j'oublie pourquoi je suis là... on me demande des choses qui me brusquent, on ne veut pas de moi, mais on me traîne partout... je deviens dépendante... de ce lien... et parfois je me révolte...

Pardonne-moi si je ne sais m'exprimer avec des mots, je m'exprime avec le corps, les sensations, et ça paraît long dans votre temps... Merci de me donner le temps ici et maintenant...

J'ai besoin de temps, d'écoute fine, de paix... car je suis la Dame de Paix... »

Vous vous entendez dire : « Pardonne-moi de t'avoir réprimé, de t'avoir obligé à t'effacer...
Je t'écoute, je te comprends, je te suis... fais-moi confiance, je te donne le temps pour t'écouter... »

Elle vous murmure : « Rappelle-toi que tu es une eau divine et fluide, qui se retient et se répand librement si tu le désires ; rappelle-toi l'équilibre entre la force et la délicatesse...
Je t'aiderai... »
« Merci... »

Le fluide de
La Vie

c'est
moi
qui
décide!

mais quand ça éclate

Je fais quoi
maintenant...

Alors, qu'est-ce que la discipline finalement ?

Il est temps de rappeler au mot discipline sa lumière afin qu'il nous aide à construire la nouvelle planète et à y manifester la meilleure version de nous-mêmes.

La discipline est donc une « danse » entre :

- Les inspirations reçues, la créativité, le Souffle

- La volonté, le feu, la force

- Et nos capacités terrestres...

La discipline est une expérience en soi, qui nous apprend à équilibrer entre le flux divin féminin et le cadre divin masculin sur un terrain physique et des limites tangibles telles que le temps et l'espace.

Être discipliné, c'est voir l'horizon, le soleil qui se lève, et au-delà, une étoile rayonnante se pointe, c'est l'étoile du matin.

La discipline, c'est voir le potentiel et avoir la volonté de l'atteindre, avec optimisme, ouverture d'esprit à toute opportunité et occasion, mais surtout amour et bienveillance envers toutes les parties en nous.

Comment développer sa propre discipline ?

Développez l'amour et la bienveillance en tout temps.

Un choix existe, en tout temps, pour les humains, un choix d'ouvrir le cœur ou le fermer. Les pensées et émotions ne sont que les fruits de cette décision, ils entrent dans un cercle fermé...

Un de vos mandats sur terre :
cultiver/retrouver/maintenir son cœur
cristallin sur Terre.

La patience

Le regard sage d'amour et de bienveillance se cultive avec le temps. La patience est une force tranquille. C'est se laisser porter par une volonté solide, et non la passion d'un jour.
C'est se laisser aller un jour à la fois, avec aisance et fluidité. Il est parfois facile de tomber dans le vieux paradigme d'« imposition/séduction » pour aller « plus vite », car il est plus facile d'imposer que d'expliquer, plus facile de séduire que de rentrer dans les profondeurs de son âme et comprendre ses besoins/ses messages, d'où le point suivant :

Le courage

La discipline a besoin de courage, pas pour « s'imposer des règles », mais du courage pour tempérer les rythmes, manifester les flux divins, être honnête et réceptif aux messages du cœur. Le courage de ne plus se mentir.

Qui dit discipline, dit pardon !

Oui, pardonnez-vous aussitôt que possible, dès que vous ressentez le regard intérieur strict et la culpabilité.

La discipline est liée à des objectifs, à un temps déterminé et si vous avez du mal à vous y tenir, prenez du temps avec vous-même et ayez une discussion honnête, révisez votre souhait, votre méthode.

Il est possible que vous trouviez une réponse tout de suite, ou peut-être que vous devrez attendre. Mais, durant ce temps d'attente, pardonnez-vous et ayez confiance. Cela vous permettra de rester dans l'accueil et la bienveillance avec une posture de « collaborateur avec la vie ».

Appréciez l'expérience

Car la discipline, vos projets, votre vie sont avant tout UNE EXPÉRIENCE.

Effectivement, votre premier mandat sur Terre c'est : vivre et expérimenter la vie et évoluer à travers ce parcours.

La force et la volonté

Ayez de **la volonté et de la force par amour** pour votre Mandat, pour vous même, pour la planète : est-ce d'aider les enfants ? Protéger la terre ? Vous reconnecter ?...
La force vous aidera à avoir la tête froide lors des intempéries, et malgré les nuages noirs et le brouillard qui brouille les yeux, votre cœur percevra l'étoile du matin.

Le rêve de l'âme

La discipline est une combinaison de forces fermes et tranquilles, c'est une danse où on apprend l'agilité et le détachement.

Moment de connexion

Le rêve de l'âme
L'âme sait que l'expérience est déjà en cours, et que son rêve
se réalise
Elle apprécie le processus, l'expérience
Se laisse porter avec détachement.

Le rêve de l'âme est différent du rêve égotique. Ce dernier se centre sur l'objectif, n'est axé que sur le résultat, les chiffres et s'ajuste difficilement. Il n'est pas agile, semble avancer, mais n'évolue pas. L'expérience devient stressante et la discipline est synonyme d'obstination et impatience.

Le rêve de l'âme est une expérience et, à travers elle, on mesure la maturité de notre expérience, la nature de notre perception de la vie et de notre réalité, l'ouverture de notre cœur. On manifeste, à travers elle, la meilleure version de soi.

La protection et la bénédiction

Dès que vous êtes en accord avec le rêve de l'âme, vous avez l'énergie et la force nécessaire pour le réaliser. Plus vous êtes alignés sur ce rêve, plus les choses sont fluides. Il est possible d'avoir des barrières à dépasser, des remises en question qui donnent l'impression de ralentir, mais ce n'est que pour rendre l'expérience plus riche !

Moment de connexion

Quand vous êtes sur la voie de l'âme,
La vie s'exprime à travers vous, elle vous tend la main.
Vous avez la protection et la bénédiction de tous les royaumes
Mais faites attention, car le seul être duquel vous n'êtes pas
protégé... c'est vous-même.

Il est de coutume que les ancêtres bénissent les nouveaux mariés. Cette coutume semble simple, mais c'est une occasion en or pour les nouveaux mariés de recevoir des ondes positives, et de la force nécessaire pour les protéger et de leur donner de la force pour leur nouvelle vie.

Bénir : envoyer ses meilleures intentions, ses « Positives Vibes » à une personne, projet, endroit, etc.

Mot à nu : Bénir

Comme on dénude les mots dans ce manuscrit, on va dénuder le mot bénir !

Ancienne planète (Définition du Larousse)	Nouvelle planète
En parlant de Dieu, combler quelqu'un de biens, faire prospérer quelque chose par une faveur divine : Dieu bénit Abraham.	Voir la lumière divine en soi, lui donner de l'expansion = Abondance.
Appeler sur quelqu'un, quelque chose la bénédiction de Dieu, selon le rituel fixé par l'Église : bénir une union.	Envoyez des intentions pures d'amour et de lumière à l'autre.
Louer quelqu'un, son action par reconnaissance… ; se féliciter de quelque chose : bénir un ami de son intervention.	Reconnaître la lumière divine en l'autre. Reconnaître la lumière divine de chaque chose, de chaque situation.

Donc, pour cultiver la discipline dans votre quotidien et celui des autres, bénissez votre expérience, bénissez votre quotidien et celui des autres, demandez à ce qu'on vous « envoie des bénédictions » ! Toutes ces « Positives Vibes » vont vous TRANSPORTER.

C'est sur ce principe que reposent les soins énergétiques en groupe (pour les personnes, les endroits ou les situations) : on concentre son intention avec amour et on l'envoie sans attente, sans retour, avec facilité et aisance.

La discipline n'a plus lieu d'exister, elle sera remplacée par des « Rendez-vous » avec vous-même dans le but de manifester votre essence, votre mandat.
Cela dit, il est important de voir l'évolution physique et matérielle de votre projet pour vous montrer la manifestation de ces Rendez-vous sur Terre.

Des étapes...

1. Vous menez une expérience terrestre, physique et matérielle, donc vous avez besoin de voir par vos propres yeux l'effet de la discipline, alors mettez des petites étapes que vous pouvez atteindre avec facilité.

2. Marquez entre les différentes étapes de vos projets un temps d'arrêt/repos/constatation/ajustement, selon votre propre rythme, ou le type de projets que vous avez. Ces temps d'arrêt peuvent être courts dans le temps et plus fréquents pour vous permettre de respirer et de réajuster vos prochaines actions.

On peut retrouver ces étapes de façon naturelle dans la vie des humains, des animaux et des plantes.
Une rose qui fleurit marque un arrêt dans le temps...
Le cycle menstruel pour la femme marque un arrêt de 4 à 8 jours...
La « Crise de la quarantaine » marque un arrêt aussi...

Fin d'une étape : fin de
la métamorphose

Début de l'étape /
future métamorphose

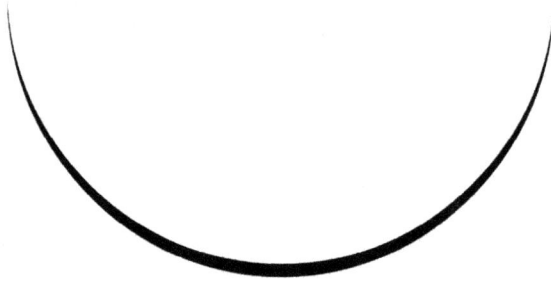

Souffle / célébration / repos/
ajustement

*La fin d'une étape = la fin d'un petit chemin
sur le Grand Chemin du rêve.*

Mot à nu : Célébrer

Ancienne planète (Définition du Larousse)	Nouvelle Terre
Accomplir les rites associés à un acte religieux : célébrer une messe.	Se préparer à faire un voyage intérieur seul ou ensemble pour recontacter la lumière et la sagesse divine.
Fêter un évènement, le marquer de manifestations particulières, d'une cérémonie, etc. : célébrer l'anniversaire d'une victoire.	Avoir de la gratitude pour l'expérience, comprendre le sens…
Louer solennellement quelqu'un, ses actes : célébrer les exploits d'un héros.	Reconnaître la lumière en l'autre et voir/comprendre ses mandats

Célébrer, c'est suspendre le souffle, marquer un arrêt pour :

- Constater
- Remercier
- Absorber l'effet de la gratitude
- Partager l'effet de la gratitude avec les autres

Devenir un filtre

Avec la discipline, vous apprenez à avoir des lunettes qui filtrent pour déterminer :

• Ce qui peut vous aider à avancer : vous restez sur la voie du rêve de l'âme, il s'agit de nouvelles inspirations, encouragements, constatations, etc.

• Ce qui est à éviter et qui peut vous ralentir : ralentir est synonyme de perdre la voie et sortir du rêve de votre âme, ça peut être des blessures non guéries et qui causent le doute, l'incertitude, les dépendances, les peurs, ou des occupations qui agissent telles des ventouses d'énergies comme les réseaux sociaux, rencontrer des personnes toxiques, etc.

Votre filtre doit être clair, mais attention au mirage. Ce qui peut sembler limitant est parfois libérateur et, ce qui ralentit fait avancer.
C'est une expérience qui dépend de votre cœur, de ce que vous avez à apprendre, vous dépasserez les limites ; et plus vous apprenez le langage de la vie, moins vous avez besoin de limites.

Moment de connexion

Tout est expérience,
Votre ouverture de cœur, votre attitude, votre perception
détermineront la facilité ou la difficulté du trajet.

L'ascension : réconciliation

avec ses ennemies

S'engager sur le chemin d'ascension implique de sortir de la Matrice. Une sorte de « programmation » qui règne sur les grandes Masses, que ce soit des institutions, des entreprises, ou des grandes villes.

Comme dans le film « Matrix », on doit se débrancher de l'hypnotisation générale pour tourner le regard vers l'intérieur, berceau de toutes les richesses.

L'hypnotisation de masse se fait de façon :

- Subtile (télévision, publicités, valeurs véhiculées, etc.)

- Ou prononcée (lois, règles, comités, entreprises, etc.)

Les deux façons reposent sur les peurs ou les désirs et empêchent l'Humain de :

- Réfléchir avec conscience : on lui dicte ses choix et ses actions, on l'amène vers l'égo, le « soi superficiel ».

- Être présent à ses actions et pensées : « ne plonge surtout pas dans ton "moi profond" et si tu le fais nous te disons comment faire et où aller, nous te montrons souffrances et malheurs pour que tu n'aies plus envie d'y retourner ».

- Prendre en main son corps physique.

- Se nourrir avec ce qui l'illumine et élève ses vibrations.

- Se connecter à une communauté, se regrouper...

De la résistance à la réconciliation

Certains êtres en ascension ont choisi de se battre contre cette Matrice pour la dénoncer et conscientiser les Humains. Leur rôle fut important et central à notre éveil. Cela dit, un chemin de réconciliations et de paix est nécessaire désormais. Ce qui reste ainsi de débranchement se fera automatiquement. Votre énergie est précieuse et il est temps de l'orienter vers ce qui nourrit les cœurs et élève les vibrations. Vous observerez au fur et à mesure un changement de valeurs et de mœurs autour de vous, car chaque activation ou initiation que vous vivez influencera des villes et territoires entiers. Ayez donc confiance en votre puissance et commencez à vous réconcilier à l'intérieur de vous.

Vous véhiculerez la paix et elle se diffusera autour de vous...

Réconciliation avec ses

ennemies : le corps

Se réconcilier avec son corps : Dormez-vous ?

Pour être en forme et recharger ses batteries, il est recommandé de dormir sept ou huit heures par nuit.

Mais saviez-vous que votre corps se charge effectivement la nuit, non parce que votre corps se repose, mais parce que vous vous connectez à votre source, votre planète, votre maison en quelque sorte.

Cette connexion se fait durant le sommeil, en entreprenant un voyage à travers les différents royaumes afin de se ressourcer, recharger ses batteries en lumière, en énergie vitale et la descendre sur terre pour alimenter sa mission.

Vous si vous manquez de sommeil, vous risquez de mourir.

Durant ce voyage de ressourcement, vous retrouvez votre source, votre vraie nature en quelque sorte ; vous retrouvez aussi vos amis, tels qu'ils sont réellement, des formes de lumières. Ces amis peuvent être des Maîtres, des génies, des personnes ayant déjà vécu sur terre, des frères et sœurs, mais cela dépend de vos mandats sur terre. Par exemple, si vous êtes un artiste, il est possible que vous retrouviez des artistes connus dans votre voyage pour qu'ils vous aident dans vos projets sur Terre.

Le sommeil est une opportunité pour recevoir :

- Des enseignements à travers les multiples Multiversités et académies d'apprentissage dans le Cosmos.

- Des inspirations et idées qui peuvent prendre vie sur terre (si vous leur faites confiance) ; c'est ainsi que plusieurs découvertes, livres, films et autres ont vu le jour, inspiré lors d'un voyage fait la nuit.

• Clarté : vous connaissez sûrement le proverbe qui dit : la nuit porte conseil. Effectivement, elle porte conseil, car vous plongez dans votre être/source et vous voyez à travers votre voyage nocturne les choses de façon globale, avec les yeux de votre âme. Vous pouvez même avoir des discussions et des conseils judicieux avec vos Amis lumineux.

• Liberté : votre voyage nocturne vous permet de « décharger » vos émotions stagnantes qui ont besoin de s'exprimer. Des scènes prennent forme pour permettre ce processus de libération comme la scène de fuite face à un danger/un animal que vous n'aimez pas, etc.

• Amour terrestre : il est possible que vous retrouviez, durant votre voyage, vos ancêtres, des personnes décédées, des amoureux, et même que vous fassiez de nouvelles rencontres amoureuses. Ces rencontres vous apportent l'amour terrestre, l'affection et parfois la passion pour vous donner un avant-goût ou un rappel de ce que vous avez à retrouver dans votre quotidien.

Si vous souhaitez vivre ces expériences et profiter de ce ressourcement, il est important d'assumer votre rôle comme Maître et d'utiliser les dons et occasions qui se présentent à vous pour que votre quotidien soit en harmonie avec la Vie, qu'il soit fluide, lumineux et que votre présence soit utile sur Terre.

La première chose à considérer est de suffisamment dormir ; cela ne veut pas dire sept ou huit heures par jour, mais de suivre votre propre cycle. Pour certains, c'est dormir cinq heures par jour et ajouter une sieste, pour d'autres c'est dormir neuf heures par jour.
Votre corps vous enverra des signes pour vous prévenir que c'est le moment de se ressourcer ; il vous appartient à ce moment-là de l'écouter et donc d'être en accord avec la « Vie », ou de l'ignorer et prendre des stimulants pour le garder éveillé, vous serez à ce moment-là en mode de « guerre avec la Vie ».

Vous aurez certainement besoin d'un certain temps d'adaptation pour vous habituer à suivre votre rythme.

Mieux vous connaître vous aidera, voici donc des questions qui peuvent vous aider :

- À quelle heure votre corps manifeste le besoin de dormir ? À 22 heures ? À 13 h de l'après-midi ? Après les repas ? Répondre à ces questions vous permettra de vous familiariser avec votre rythme quotidien et d'organiser votre calendrier et vos tâches de sorte que vous respectiez ce rythme.

- Est-ce que votre corps est en mode survie ? Est-ce que votre système digestif est équilibré ou épuisé ? Est-ce que votre mental est en harmonie ou en hyper action ? Quel est votre rythme de respiration ?

Les questions en rapport à votre santé vous permettront de voir l'état général de votre corps physique et mental, car ils influencent votre sommeil et vous dictent aussi votre besoin en temps de « ressourcement ». Par exemple, si votre système digestif est dysfonctionnel et que vous mangez le soir avant de dormir, il est fort possible que votre sommeil soit agité et que votre voyage nocturne soit perturbé. Si vous avez un mental occupé et que vous êtes en période de stress, vos voyages nocturnes se concentreront sur la « réparation », et doivent durer plus longtemps, car vous aurez besoin de plus d'heures de sommeil pour vous « régénérer ». Il est donc important de préparer votre sommeil **pendant la journée** et d'en parler avec votre médecin et conseiller en santé pour trouver des solutions aux troubles quotidiens.

Pour avoir un voyage de ressourcements vers votre source, il est donc important de remettre en question votre quotidien, vos actions, votre travail. Cette introspection vous amènera sur plusieurs pistes à améliorer en vous-même d'abord, car pour faire un changement efficace et durable à l'extérieur, il faudra commencer par l'intérieur.

« Simon utilisait toujours sa tablette avant de dormir, il regardait les nouvelles, interagissait avec ses amis et

restait éveillé jusqu'à minuit, sachant qu'il doit se lever à sept heures pour aller au travail.

Il remarqua par contre que sa concentration diminuait et qu'il devenait irritable au fil des jours, il décida donc de profiter de la fin de semaine pour récupérer ses heures de sommeil. Or, la semaine suivante, il se remettait dans la même routine : rester éveillé jusqu'à minuit, mal dormir et se retrouver épuisé à la fin de semaine.

Lorsqu'il vint me voir, au lieu de réorganiser son calendrier, nous décidâmes d'explorer son besoin en se connectant sur internet la nuit. Il prit conscience qu'en se connectant, il cherche de l'action, de la stimulation. Il réalisa qu'il a besoin de projets plus intéressants et stimulant dans son travail et qu'il a besoin aussi d'être plus actif physiquement en faisant plus de sport. »

Aller avec le flow de la vie veut dire le comprendre, pour chaque action il y a un besoin, un message. Vous n'avez plus à vous battre avec ce flow, mais juste le suivre et le comprendre.

Devenir Âmepreneur

Vous pouvez profiter de vos voyages de ressourcement en devenant un acteur actif et créateur de votre vie, voici quelques idées pour vous aider :

Avant de dormir :

- Prévoyez un moment de méditation ou d'inaction avant de dormir, cela vous permettra de prendre du recul sur votre journée et de voir les choses à plus grande échelle.

- Notez les choses pour lesquels vous ressentez de la gratitude : ce qui élèvera vos vibrations et vous amènera à des voyages sur de plus hautes sphères/académies ;

- Mettez une intention ou un postulat[5]. Chaque nuit est une source importante de réponses, il n'appartient qu'à vous de l'utiliser, en mettant un postulat ou une question avant de dormir, vous recevrez sur plusieurs plans les réponses qui peuvent vous guider. Ces réponses peuvent venir à travers des rêves, des idées et inspirations au matin, des images durant la journée. Pour aller plus loin, vous pouvez utiliser le dessin intuitif, les Tarots et Oracles pour affiner votre réponse.

- Écrire : sur ce chemin d'ascension que vous menez, écrire est primordial. Votre main est magique, elle est reliée au cœur et en écrivant vous entreprenez un dialogue authentique avec votre cœur pour : guérir les blessures, ancrer des intentions pour le futur et comprendre vos voyages nocturnes.

- « Laissez-nous vous accompagne » vous murmurent vos Amis magiques, vos Anges, Ancêtres, Pierres et cristaux. Ils n'attendent que votre accord pour vous accompagner durant les voyages de ressourcement, ils vous donneront réponses et réconfort.

L'améthyste et le Quartz rose m'accompagnent toujours durant mes voyages nocturnes, ils me permettent de sentir la paix et la connexion de cœur, ainsi mes sommeils sont toujours reposants et enrichissant.

- Préparer votre espace de sommeil : il ne doit pas être encombré d'objets ou de livres et surtout pas de matériel électronique, car le champ électromagnétique influence vos voyages. Vous êtes une antenne aussi puissante que les antennes de téléphones, alors vous devez vous assurer de capter ce qui VOUS concerne et de ne pas avoir des interférences. Certains objets peuvent vous aider tels que les lampes de sel, les Bioprotector[6].

- Gardez votre chambre aérée pendant la nuit, utilisez les huiles essentielles que vous aimez, portez des couleurs qui correspondent à votre aura, et rappelez-vous :

---

5 Pour aller plus loin, voir l'école des rêves : Paule Boucher

6 http://personalbioprotector.com/

• *Un voyage de ressourcement est un rendez-vous avec votre source et des rencontres pleines de merveilles, préparez-vous.*

Après le sommeil :

• Recueillez votre expérience nocturne. Certains ne se rappelleront pas de leurs rêves, mais ressentent un changement d'humeur, d'énergie, peuvent recevoir des réponses, il est donc important de noter ses impressions et de suivre le fil. C'est toujours magique de revenir sur ces écrits pour voir le chemin que vous avez fait.

• Mettre en pratique les enseignements : c'est la suite naturelle des choses que de prendre en considération les informations, mises en garde et enseignements que vous recevez la nuit. Vous les respectez ainsi en les incorporant dans votre vie de tous les jours.

Se réconcilier avec son corps : Cycle lunaire Vs Cycle féminin sacré

On s'intéresse de plus en plus au cycle lunaire et on reconnaît désormais son influence sur nos vies. Plusieurs recherches scientifiques montrent son impact sur le sommeil[7] et l'humeur[8]. D'ailleurs, les entrepreneures conscientes prennent en compte ces cycles pour avancer leurs projets.

Dans la pratique spirituelle, nous utilisons non seulement les cycles lunaires pour nos projets de vie, mais aussi pour faire des rituels puissants d'affirmation et de transformation.

Voici un résumé des principales phases du cycle lunaire et leurs symboliques [9]:

- Nouvelle lune : vœux, intention, potentiel
- Premier croissant : courage et foi
- Premier quartier de lune : confiance et engagement
- Lune gibbeuse croissante : ajuster et rectifier
- Pleine lune : résultat, gratitude et pardon
- Lune gibbeuse décroissante : accepter, se détendre
- Dernier quartier de la lune : réévaluer, faire confiance
- Dernier croissant de lune : guérison, abandon (dans le sens lâcher-prise)

Mais qu'en est-il de notre propre cycle lunaire ?

Nous sommes la lune, nous sommes le soleil.

7https://www.cell.com/current-biology/abstract/S0960-9822(13)00754-9?code=cell-site

8http://www.psychologies.com/Bien-etre/Prevention/Hygiene-de-vie/Articles-et-Dossiers/Etes-vous-sensible-a-la-lune

9 Retrouvez ces cycles dans le: MoveChallenge Magie

« Plantes et animaux pourraient avoir en eux une "horloge lunaire", de même qu'ils ont une "horloge" qui leur fait suivre le cycle jour/nuit appelé cycle circadien. » [10]

Chacun de nous à ses propres cycles intérieurs et ils sont innombrables : cycle de circulation du sang, cycle de la digestion, cycle menstruel...

10https://www.santenatureinnovation.com/influence-de-la-lune-cest-scientifique/

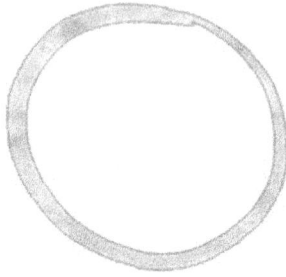

Moment de connexion

Femmes Étoiles, arrêtez cette guerre que vous menez contre votre cycle menstruel, reconnaissez-le et profitez-en comme vous le faites avec les cycles de la lune.

Vous seriez ainsi en respect avec le Flow de la vie

Il y a plusieurs interprétations et approches spirituelles pour chaque cycle naturel de la vie, je vous partage ici la mienne, mais gardez les yeux et le cœur ouvert aux autres Vérités.

De génération en génération

Quand on parle du cycle menstruel, on parle du rôle de la femme comme catalyseur de l'énergie créatrice/créative humaine sur terre. Elle porte en elle le bagage et la sagesse féminine divine qui prend de l'expansion, se transmet de génération en génération selon l'ouverture des cœurs des humains.

Certaines phases, cette sagesse s'est enfermée telle une mallette aux trésors, mystique et séduisante à la fois, car les cœurs se sont fermés et ont oublié leur soleil intérieur. Cela n'a pas empêché cette mallette de se transmettre de génération en génération jusqu'à parvenir à vous et à moi, à cette époque où nous commençons un nouvel Air. Nous sommes une nouvelle génération qui mute, non vers une nouvelle créature, mais vers la Créature/Créatrice originale/originelle. Notre soleil intérieur brille et continuera à briller encore pour illuminer le monde. La mallette de notre sagesse a ressenti l'appel du soleil intérieur pour s'ouvrir une nouvelle fois et permettre aux enseignements oubliés de refaire surface.

Ceci est le premier enseignement de la Mallette mystique.

Deuxième enseignement

La femme n'est pas seulement une créatrice, mais elle est un transmetteur d'énergie, une sorte de centrale énergétique qui capte certaines énergies et les transforme en vie. C'est son pouvoir féminin de magicienne qui fait :

- Qu'elle enfante : elle reçoit les spermatozoïdes et les transforme en une autre créature vivante,

- Qu'elle cuisine : elle reçoit des formes de vie (blé dur, légumes durs, etc.) et les transforment pour qu'ils soient assimilables par les autres

- Qu'elle cueille : plantes et essences et les transforme en remède

- Qu'elle cueille la souffrance et la transforme en sang, nourrissant la terre.

Oui, la femme est une sorte de plexus solaire qui cueille tout au long de son cycle les énergies autour, les mémoires qui ont besoin de se libérer. Elle les transforme et les redonne à la terre pour que les deux puissent se régénérer.

Une partenaire

Depuis des millénaires, la femme est un pilier de la société, car elle assemble, regroupe. Elle est comme la Cire de miel, mise dans l'Univers par les abeilles du Créateur pour permettre aux liens entre les humains d'être solide. La femme travaille en collaboration, et ce n'est pas pour survivre, une autre croyance erronée, mais parce que c'est sa force, son rôle.

À travers le cycle menstruel, la femme travaille en collaboration :

- Avec son entourage : certaines tribus amérindiennes (dont les mallettes de sagesse étaient ouvertes) considéraient la période des règles comme une période bénite et respectée, les femmes se regroupaient dans des Moon Lodges pour se recueillir ensemble. Les hommes respectaient ces périodes de regroupement et personne ne pouvait empêcher une femme de s'y rendre. C'était une occasion de partager les talents et les rêves, les visions et les sagesses[11].

- Avec la terre : à travers le partage du sang créateur et purificateur à la terre.

---

11 http://members.efn.org/~finnpo/indigenia/Menstrual%20Blood%20-%20Walker.html

- Avec la lune : car les cycles menstruels étaient (et peuvent redevenir) en harmonie avec le cycle lunaire.

- « Le terme « menstruation » vient du mot latin mensis « mois » qui évoque une parenté avec les cycles lunaires mensuels. »[12].

- Le cycle naturel commence ses règles avec la nouvelle lune, le moment où le terrain est frais et prêt, la période d'ovulation s'accorde avec la pleine lune, ce qui accroît le taux de conception à cette période.

- Avec l'énergie cosmique : tels les arbres, les femmes sont des catalyseurs de changement énergétiques et leur rôle est très important en ce moment magique de transformation planétaire. Elles sont la coupe qui accueille la lumière et l'ombre et les fait évoluer pour le reste des humains. Il est temps que nous reconnaissions ce pouvoir de mutation et de haute guérison énergétique.

Redevenons partenaires avec notre propre corps de femme

Pour être partenaire, il est important de refaire connaissance avec les phases du cycle menstruel afin de profiter de leurs pouvoirs, leurs avantages/missions et découvrir aussi les effets que nous n'arrivons pas à maîtriser.

Reprenons une fois notre pouvoir de magicienne et redécouvrons les richesses de notre cycle menstruel.

12 https://fr.wikipedia.org/wiki/Menstruation#Étymologie

Exercice

Contrairement à la croyance générale, la durée du cycle menstruel diffère d'une femme à une autre, elle peut durer entre 21 et 35 jours ; alors qu'elle est la durée du vôtre ?

Quand ça commence ? Le jour 1 correspond à la première journée de vos règles, c'est la première journée où vous avez versé la première goutte de sang.

Par la suite, identifiez les phases de votre cycle personnel, chaque phase a une durée différente, c'est ce nous allons explorer dans la prochaine section.

Les phases du cycle menstruel

Première phase : Le don — la période des règles

Dans cette phase de saignement, nous donnons à la terre, nous échangeons avec elle. C'est une phase qui demande beaucoup au corps physique. Fatigue et faiblesse sont au rendez-vous. Nous avons moins d'énergie et nous avons seulement besoin de repos et de sommeil.

Être en partenariat avec cette phase : Pour honorer cette phase, il est important de prendre des journées de repos, de suivre son rythme et de dormir, sans culpabilité ou rejet de son corps.
Les sociétés ne reconnaissent pas encore le rythme féminin et vous ne pourriez pas encore prendre des jours de congés pour votre cycle (et non-maladie). Essayez donc de vous reposer au maximum durant cette phase et de prendre vos dispositions pour réduire la charge de travail, sortir plus tôt du travail par exemple ou dormir suffisamment, etc.

> *Le besoin de me régénérer dans cette phase m'amène souvent à être en retrait, en mode d'hibernation, et à manger faiblement les premiers jours.*

C'est le moment de se connecter à la terre, de passer quelques moments avec elle. Essayez de vous assoir par terre. Laissez votre chakra sacré se reposer à son contact.
Connectez-vous à l'eau, rivières et fleurs. Laissez-les-vous bercer et vous ressourcer pour la nouvelle étape.

Connectez-vous à la Nouvelle Lune à travers un rituel.

Prenez soin de vous-même comme quand vous prenez soin d'un nourrisson qui vient de naître.

Cette phase est celle où on se remet en question. On assimile les messages reçus dans la phase précédente, on les intègre pour les incarner dans la prochaine phase, c'est la graine qui naît.

À éviter : L'action, l'interaction constante avec le monde extérieur, faire des efforts, faire face à des énergies agressantes.

Qualités à cultiver durant cette période : la bienveillance de la mère, l'intériorisation, la volonté de SE prioriser (mot que je viens d'inventer)

Éléments : Eau, Terre, Cosmos

Deuxième phase : Après les règles – La naissance

Dans cette phase, on retrouve la force et la vigueur, on se sent prête à escalader les montagnes et à concrétiser ou du moins commencer à mettre en pratique les messages, les résultats de nos réflexions.
C'est la phase de « la jeune fille » dont l'enthousiasme nourrit ceux qui l'entourent et une force les pousse au-delà de leurs limites.
La Graine commence à pousser.

Être en partenariat avec cette phase : cette période est appropriée pour établir de nouveaux partenariats, organiser des rencontres ou faire des célébrations.
Le corps à besoin de se nourrir, de BIEN se nourrir à tous les niveaux.
Du côté professionnel, il est important de planifier ses étapes, car l'esprit est clair et voit au loin.
La parole est juste, les résolutions sont mises en action, les souhaits se réalisent. Le corps a besoin de bouger ; rester assis toute la journée face à votre écran ne l'aidera pas. Sortez donc, soyez en contact avec l'air, la nature.

Faites-vous aider par les fleurs et leurs énergies, car elles portent les promesses de lendemain.

Aidez-vous, aussi, par l'énergie des arbres qui consolident vos intentions.

À éviter : l'excès d'action ou au contraire d'inaction, être dans l'air et oublier de s'ancrer.

Qualités à cultiver durant cette période : Volonté, courage, créativité, optimisme, ancrage.

Éléments : Feu, Air

Troisième phase : L'ovulation – La naissance

La graine a poussé, elle arrive à maturation et est prête à donner ses raisins/raison/sagesse.

Dans cette phase, la femme est rayonnante, son visage est lumineux, ses seins sont prêts tels les raisins à être cueillis. Elle est passionnée et sage à la fois. Elle sait ce qu'elle fait et pourquoi, elle comprend, elle saisit dans tous les sens.

Être en partenariat avec cette phase : C'est dans cette phase que les partenariats aboutissent, que les discours se donnent, que les grandes décisions se prennent. Cette phase est bénéfique pour les négociations, les actions d'ordre public, les transactions, les célébrations et les actions militantes. Une période favorable aussi aux créations et expressions émotionnelles artistiques, car les émotions sont vives, le mental est à son pic, l'intuition se manifeste avec force et la confiance est là pour lui donner vie.

À éviter : L'obstination, oublier la combinaison de force/bienveillance.

Qualités à cultiver durant cette période : Créativité, communication claire, la vérité, la force, la bienveillance.

Éléments : Feu

Quatrième phase : Le voyage intérieur — Période prémenstruelle

Après un pic de force, dans cette phase, on plonge dans le mystère intérieur pour recevoir la connaissance, des messages, voir sa vérité et celle des autres, préparer le nouveau terrain intérieur. L'ombre refait surface pour être reconnue et se prépare à accueillir la lumière. C'est ainsi que l'énergie se renouvelle.

Être en partenariat avec cette phase : Le contact est privilégié avec les guides/amis magiques pour traverser cette période. Cueillez des enseignements ; observez vos rêves, vos impulsions, vos envies.

Faites des rituels de libération, des méditations de connexion avec soi pour ne pas vous perdre à travers l'ombre. Offrez-vous des soins énergétiques, accueillez le soutien de votre entourage et demandez, si nécessaire, des mots réconfortants. Communiquez avec la Terre, car c'est un des meilleurs accompagnateurs dans ces étapes.

À éviter : le déni, le rejet de soi et donc des autres, sombrer justement dans l'ombre complètement et oublier sa lumière et sa force.

Qualités à cultiver durant cette période : la patience, la clarté d'esprit, la foi.

Élément : Terre, Eau.

Le cycle menstruel après la ménopause

Après la ménopause, le cycle menstruel ne s'arrête qu'au niveau biologique, mais continue sur les autres plans. La femme Sage partage et transmute désormais d'une autre façon et il n'est plus nécessaire pour elle de le faire avec son corps physique.

Se réconcilier avec son corps : Le jeûne

Mot à nu : le jeûne

Selon le Larousse, le jeûne est un arrêt total de l'alimentation, avec maintien ou non de la consommation d'eau.

Comme vous le savez, le jeûne est une pratique ancestrale qu'on retrouve dans tous les religions, cultes, et voies spirituelles et qui connaît une grande popularité ces dernières années.

On l'applique pour différents objectifs et on lui attribue plusieurs miracles : Jeûne médical, détoxifiant, religieux, etc.

Je me suis toujours demandé quel est le but énergétique, vibratoire et ascensionnel du jeûne. J'avais décidé donc de me pencher sur la question.

J'ai constaté que le jeûne est en réalité :

une abstention, un arrêt complet d'une « habitude » ou d'« une action quotidienne ».

On retrouve ainsi :

- Le jeûne de la nourriture,

- Le jeûne de la parole : mentionné dans les livres sacrés et pratiqué par les messagers et prophètes,

- Le jeûne de l'acte sexuel,

- Etc.

Jeûner permet de se déconnecter du matériel, du monde extérieur pour explorer son monde intérieur. D'ailleurs, on dit qu'un corps qui jeûne se nourrit de sa « réserve ».

Quand on jeûne, on plonge dans son cœur et corps pour explorer leurs richesses et leurs potentiels. On les pousse à leurs limites, on nettoie ce qui est excessif et flou.

Le jeûne pour le corps

Durant le jeûne, le corps se repose de ses fonctions quotidiennes pour veiller à d'autres fonctions plus occasionnelles durant l'année, mais essentielles : la détoxification et le renouvèlement de ses réserves, car il les exploite pour en faire de nouvelles.

Le jeûne pour le cœur et l'esprit

Jeûner reconnecte au Un/Moi supérieur/Univers. Le regard se porte de l'extérieur vers l'intérieur.
Avec le jeûne et au travers de la prière, la méditation, le silence (jeûne de la parole), la contemplation, on s'isole volontairement pour un certain temps pour avoir une communication directe et une communion intérieure.

Les effets du jeûne

J'ai ressenti plusieurs effets sur mon énergie en expérimentant le jeûne. Certains se sont manifestés dès le premier jour, d'autres, après plusieurs jours de jeûne :

- Sensation de légèreté,
- Vision claire qu'on ressent après quelques jours de jeûne,
- Sentiment d'être reconnecté au Un, à soi,
- Être nourri de Prana, de Lumière Pure,
- Le corps énergétique est nettoyé : le jeûne nettoie les sens et « rouvre » le cœur, le plexus solaire, le troisième œil, ce qui donne un libre accès à l'intuition,
- Apaisement mental,
- Sentiment de dépasser le plan matériel.

Le jeûne combiné à d'autres pratiques spirituelles permet de faire le plein de lumière. On dépasse les rivages et les vestiges du mental pour accéder à la vérité. Tel est le parcours de l'initié.

Jeûner aide à oublier son égo, « sa personne » pour ne faire qu'un avec l'Univers, et par le fait même se (re) connecter avec la nature, les cycles de la lune et du soleil.

C'est une merveilleuse expérience que de jeûner pendant 28 jours en vivant aux rythmes de la Lune, loin de l'influence des facteurs extérieurs ; le détachement et le lâcher-prise deviennent faciles.

Les bonnes pratiques du jeûne

Tout d'abord, si vous n'êtes pas familier avec le jeûne de la nourriture, sachez qu'il existe différents types, par exemple : le jeûne complet, partiel, etc. Il est donc important de trouver des conseillers en santé qui peuvent vous accompagner pour trouver la meilleure pratique pour vous. Le jeûne est un changement parfois drastique pour le corps humain, et il est déconseillé dans certains cas. Alors, informez-vous avant de tenter l'expérience.

Si le jeûne est une pratique qui vous intéresse, je vous partage ici différentes pratiques et idées que j'ai essayées moi-même et qui ont joué un grand rôle pour optimiser cette expérience spirituelle :

- Se mettre en retrait du monde pour favoriser l'union avec soi-même. Toutes les choses qui prenaient mon attention ont été réduites ! Donc, je n'avais plus de choix que de faire face à moi-même.

- Avoir des moments de connexion avec la nature comme faire des promenades en forêt : mes sens étaient ouverts et sensibles ce qui donnait lieu à de belles rencontres avec d'autres royaumes/Unités de conscience. Une belle nourriture pour l'âme !

- Se mettre en retrait signifie aussi s'éloigner des téléphones et des réseaux sociaux. Cela veut dire aussi enlever toutes les distractions, les conversations prenantes et parfois inutiles qui grugent l'énergie. Au fil des jours, j'ai vu mon énergie accroître. C'est à partir de là qu'a commencée ma réflexion sur les réseaux sociaux et leur place dans notre vie[13].

- Et enfin, aménager des moments de prière et de méditation durant la journée m'a permis de cultiver une attitude intérieure de détachement et de confiance ; détachement vis-à-vis des autres, de la nourriture, et confiance en ma capacité à me nourrir intérieurement.

Les prises de conscience durant la période de jeûne

En restant centré durant la période de jeûne, plusieurs questions peuvent remonter. Je vous partage quelques-unes que j'ai eues :

- Est-ce que la parole me fait perdre de l'énergie ?

- Combien de mots je prononce pendant la journée ?

- Est-ce que ces mots m'aident dans mes mandats ?

- Combien de mots j'entends pendant la journée (radio, vidéo, chanson, etc.) ? Quel est leur impact sur mes vibrations ?

Ces questions m'ont poussée à reconsidérer l'usage de la « parole », et à revoir mes liens avec les autres par rapport à nos discussions ou échanges.

J'ai appris ainsi qu'il est préférable, pour moi, de garder le silence dans des moments importants de ma vie, car ça me

---

13 Voir section : Se réconcilier avec les réseaux sociaux.

permet d'être enracinée et de garder mon énergie et la concentrer sur l'essentiel.

J'ai constaté aussi que des Unités de Conscience, appelé « Gardiens » se présentent à nous en période de jeûne. Ils forment une sorte de bouclier autour de nous pour nous préserver et nous aider à absorber la lumière à cette période.

Pour aller plus loin dans la réconciliation avec le corps

Allez au rythme de la vie.

L'alimentation

Des produits locaux

Toute nourriture a sa vibration et son énergie. En cueillant les fruits et légumes avant qu'ils ne le permettent, c'est-à-dire en avance pour être transportés ou stockés, réduit considérablement leur vitalité, c'est comme si vous donnez naissance à un enfant à 5 mois !

Lorsque vous consommez cet aliment incomplet, déraciné, transporté, maltraité, vous absorbez, en fait toute cette empreinte dans votre propre corps. Au lieu de consommer des produits « en vie » qui vous nourrissent et vous permettent de manifester votre être, vous consommez des produits qui vous rendent malades à votre tour !

Nous ne pouvons plus nous permettre de perdre de temps sur ce chemin. Nous n'avons plus à vivre dans la souffrance pour ascensionner !

Les aliments locaux vous permettent de vous enraciner, d'être en quelque sorte « intégré » dans l'espace physique et temporel où vous vous trouvez. Ils vous permettent de profiter du plein potentiel d'un aliment mature et qui est prêt à vous transmettre sa Force de Vie.

Des aliments organiques et biologiques

Plusieurs campagnes sont menées à travers le monde pour conscientiser les humains sur l'importance de respecter le cycle de vie et ne plus vouloir l'éradiquer, car ça mène à la destruction même de l'espèce humaine.[14]

Choisissez donc des aliments organiques et biologiques qui n'ont subi aucun traitement chimique, sans toxines, pour préserver votre Énergie Vitale.

Mettons les choses au clair :

Bio et organique, c'est quoi la différence ?
Cela dépend des pays, en Europe par exemple ces deux mots sont synonymes, dans d'autres pays ils ont un sens différent :

- Aliments biologiques : ce terme est règlementé. L'aliment doit contenir au minimum 95 % d'ingrédients biologiques, sans pesticide ou engrais chimique, sans antibiotique ou hormone de croissance, sans organisme génétiquement modifié (OGM) [15]

- Aliments organiques : ce terme fait référence à la manière dont les aliments ont été cultivés, par exemple : les animaux sont élevés en plein air et n'ont reçu aucun pesticide, hormone, ni traitement[16].

- Aliments naturels : C'est un terme non règlementé ou certifié employé par les producteurs, mais qui n'a pas de définition distincte. À noter que les produits dits « naturels » sont vendus plus cher.[17]

---

14 https://www.youtube.com/watch?v=Jzm2lZYNIvI

15https://www.monepicierbio.ca/blogue/quelle-est-la-difference-entre-les-aliments-naturels-ou-les-aliments-biologiques/

16 https://frenchdistrict.com/articles/alimentation-organique-usda-labels-codes-alimentaires/

17https://www.organicfacts.net/organic-products/organic-food/difference-between-organic-and-natural-food.html

Vivre une ascension, c'est prendre en charge son corps physique et son bien-être. Faisons de notre mieux...

Vous pouvez vous informer sur les labels autorisés ainsi que les organismes certificateurs chargés de donner la mention « Bio » aux aliments, selon votre région[18].

Des aliments aimés

Pour comprendre cette notion, rappelez-vous les repas savoureux de votre mère ou père, ou les aliments cultivés dans votre potager ; l'attention que vous y mettez, le nombre de jour que vous avez veillé sur eux. Ou encore lorsque vous achetez du pain à l'épicerie du coin, les sourires que vous partagez avec le vendeur ou le boulanger...
Donc pour avoir une alimentation saine, choisissez de faire votre épicerie auprès de boutiques et agriculteurs « humains », personnels et surtout conscients.

---

18 Au Québec : https://equiterre.org/fiche/certification-biologique

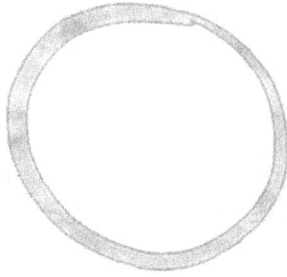

Moment de connexion :

Tout est vibration
Tout est vivant

Les fruits, le pain, les légumes, les sauces, le lait... ils sont tout aussi vivants que vous et moi...
Ils vous parlent...
Ils sont sensibles à votre regard...
Le plus vous leur donnez de l'amour, plus ils vous le retournent...
En vitalité et en lumière

Symbolique de votre corps

J'aime donner une symbolique *hors du commun* au corps humain, car ça permet de :

- Arrêter d'avoir un regard industriel sur le corps physique et « L'Humaniser » en quelque sorte.

- Quitter notre obsession d'agir avec lui comme un esclave et de lui dire ce qu'il doit ou ne doit pas faire.

- Attribuer des visages à nos organes : une façon de leur donner la parole.

Nous avons fait un travail considérable ces dernières années pour comprendre la symbolique de nos organes et les parties de notre corps, afin de déchiffrer leur message. Vous trouverez ainsi plusieurs livres très intéressants tels que :

- « Le Grand Dictionnaire des malaises et des maladies » de Jacques Martel, ou

- « La Clé vers l'Autolibération — Origines psychologiques de 1000 maladies » de Christiane Beerlandt.

Néanmoins, ces notions sont seulement le premier niveau de « conversation avec notre corps » ; car il est lié à la survie et aux maladies, nous n'écoutons ainsi notre corps que quand il se plaint !

Vous pouvez amener cette discussion un peu plus loin et conversant avec vos organes, vous créez ainsi un lien étroit avec les parties de votre corps.

Parfois, vous devez pardonner à votre corps pour les douleurs, les maladies et même certaines formes. Vous aurez à libérer la colère que vous portez contre certaines parties de votre corps, et développer la bienveillance envers lui.

Ouvrez votre conscience aux autres
dimensions de votre corps.

Pour vous connecter à votre corps physique, vous devez :

- Entreprendre le chemin de pardon,
- Cultivez l'amour et la bienveillance à son égard,
- Redécouvrir votre corps avec vos propres yeux : redéfinir votre corps,
- Cultiver l'écoute de votre corps, il vous enverra messages et images,
- Mettre en place les bases de communication : par exemple quels sont les signaux que votre corps vous envoie pour vous dire :
  - « Non »,
  - « Oui »
  - Son besoin du moment
  - Etc.

Exercice :

Voici un exercice qui vous aidera à redécouvrir les parties de votre corps en leur donnant des noms et des rôles. Prêtez-vous à cet exercice et voyez par vous-même son effet !
Voici quelques exemples :

Les cheveux
Des antennes de réception et d'émission, ils s'usent avec le temps et doivent être coupés à la pleine lune, une période propice pour :

- Pardonner et se préparer à une nouvelle période : on laisse les anciennes antennes. Notez comment vous vous sentez lorsque vous allez chez le coiffeur.
- Avoir des transmissions cosmiques claires.
- Retrouver la créativité, la force et vitalité nécessaire pour la prochaine période.

L'estomac
Catalyseur de changement, Centrale de transformation qui transmute l'énergie. Porte d'entrée aussi, car il reçoit des messages subtils — qui ne sont pas saisis encore par le mental — et nous les communique en permanence.

Les mains
Sculpteurs de l'air et de la matière. Ce sont les êtres les plus proches de nous (accompagnés par la bouche, la langue). Ils nous aident à manifester nos mandats, du début à la fin.
Ils portent en eux une force incroyable, beaucoup plus grande que leur apparence. Ils sont aussi une porte qui capte les messages subtils et les transmet.
Ce sont aussi des porteurs de mémoires anciennes et des sagesses mystiques que vous pouvez réveiller au bon moment pour appliquer votre Magie.

À vous :

Le sport

Aussitôt que vous avez compris le langage du corps et que vous avez arrêté de le voir comme ennemi ou « défouloir », vous commencerez à agir dans son sens, dans le sens de la « Vie », vous collaborez ensemble.
Il n'y a plus de besoin de :

- Agir en père/fils, ou en bourreau/esclave.
- Forcer ou empêcher,
- Détester et décourager

L'objectif de votre corps physique est de vous aider dans votre expérience terrestre. Il agit comme véhicule et messager et veut, avant tout, être en bon état, du mieux qu'il peut, pour vous amener jusqu'au bout.

Votre perception du corps physique l'influence.

Comme vous le savez déjà, dans la nouvelle planète, nous révisons et changeons notre vision et relation avec notre corps, cela implique la redéfinition de l'âge, la mort, la vieillesse... et le sport.

Mot à nu : Le sport

Ancienne planète (définition du Larousse)	Nouvelle planète
Sport : Activité physique visant à améliorer sa condition physique.	Sport : Est un point d'arrêt dans le temps où l'attention est portée sur le corps physique, à travers une activité (ensemble de gestes, une discipline, etc.) on lui donne l'espace pour lâcher les tensions, s'oxygéner et s'enraciner.
Ensemble des exercices physiques se présentant sous forme de jeux individuels ou collectifs, donnant généralement lieu à compétition, pratiqués en observant certaines règles précises.	Dans le sport, la compétition se fait seulement vis-à-vis de soi. Aucune compétition avec l'autre n'est nécessaire, le sport n'agit plus comme un espace où on canalise la colère et les frustrations. L'âme guérie voudra se connecter à travers cette activité. Elle voudra apprendre à travers le corps physique.
Chacune des formes particulières de cette activité.	Différentes pratiques sportives verront le jour, elles seront reliées à des cours (apprentissage) aux plaisirs, ou à la connexion.

Dans la nouvelle planète, on laisse le corps physique s'exprimer avec le sport, il n'est plus coupé des autres corps. Il raconte, à sa manière, des émotions, des ressentis, des évènements, des mémoires, des histoires.

Le principe masculin dans la pratique sportive, avec ses cadres et règles, sera toujours important, mais l'intuition prendra aussi sa place avec la liberté et la confiance qu'il lui faut.

Chacun sera honoré dans ces moments et sera respecté dans ses capacités physiques et ses choix.

Les personnes seront attirées par l'activité qui leur ajoutera équilibre et harmonie, et selon leur étape de vie, la vibration de l'équipe avec laquelle ils seront en contact.

Réconciliation avec ses ennemies : le temps

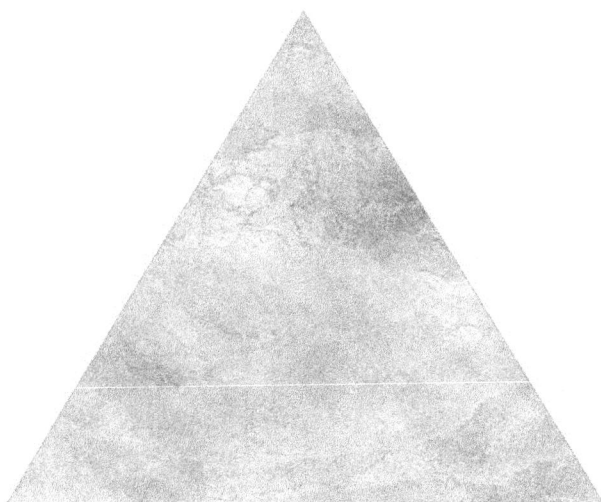

Se réconcilier avec le temps

Je n'ai pas assez de temps !
Je cours tout le temps !
Il y a tellement de choses à faire !

*Il n'y a pas de temps jusqu'à ce que vous
appreniez à le créer.*

Avez-vous considéré le temps comme un ennemi, avez-vous l'impression de manquer de temps ou de courir après... en permanence ?
Vous sentez-vous frustré lorsque vous ne terminez pas vos projets... à temps ?
Ou au contraire, ressentez-vous un besoin d'avoir du temps pour vous, pour vous faire plaisir, pour vous concentrer sur ce que vous aimez ?
En répondant oui à ces questions, *il est temps pour vous de transformer le temps en ami.*
La première étape pour le transformer en ami, c'est de le redéfinir.

Mot à nu : Le temps

Ancienne planète, définition du Larousse	La nouvelle planète
Notion fondamentale conçue comme un milieu infini dans lequel se succèdent les évènements : Situer une histoire dans le temps.	Une succession de cycles à l'infini : Cycle de respiration, cycle de nuit et jour, le cycle des saisons, le cycle de la vie humaine, etc.
Mouvement ininterrompu par lequel le présent devient le passé, considéré souvent comme une force agissant sur le monde, sur les êtres : Vous oublierez avec le temps.	Succession de « Moments présents » dans lequel l'humain vit une réalité unique et qui ne se reproduit qu'une fois.
Durée considérée comme une quantité mesurable : Ce procédé nous fera gagner du temps.	Un choix conscient de manifester une décision, une intention. L'énergie se concentre pour donner naissance à la pensée.
Partie limitée de cette durée occupée par un événement, une action : Le temps de la traversée lui a paru interminable.	Un rendez-vous pris avec tous les éléments nécessaires pour manifester un souhait ou un rêve.

Boîte de temps

S'observer pour redéfinir le « temps »

Le temps dans la nouvelle planète est une perception qui peut se rallonger, rétrécir selon votre bon vouloir. Ça vous semble impossible ?

Exercice :

Je vous propose donc un petit exercice :
Définissez le temps lorsque vous êtes serein, en paix, en harmonie, en célébration...

Définissez le temps lorsque vous êtes stressé, pressé, en disharmonie avec vous-même.

La définition du temps dépend de votre rapport avec lui, et votre rapport à la vie.

Notre humeur, nos pensées et nos comportements changent notre rapport au temps. Par exemple, vivre en permanence dans le futur est en fait une projection dans des réalités multiples, l'attention est rivée sur les rêves qu'on souhaite réaliser ou les peurs qu'on craint le plus, ce qui accélère leurs manifestations.

Le temps est donc lié fortement à notre intention et attention.
Le temps commence par NOUS.

Nos comportements sont le miroir de notre nature et de notre avancement sur notre chemin de vie.

Lorsque nos activités sont ennuyeuses, le temps nous parait long. On ressent de la lourdeur, de la pression, la confusion, l'indécision : « Dois-je continuer ? », « Ça ne me tente pas ! », « Ça n'en finit pas ! ». À ce moment-là, on trouve des distractions qui nous procurent du plaisir, mais le temps « commence à sérieusement manquer » et les tâches « en attente » nous appellent à la rescousse, tel un mendiant accroché à notre manche qui nous stresse... On cherche à s'en débarrasser de différentes façons !

Avec cette attitude face aux tâches qu'on aime le moins :

- Notre énergie vitale s'évapore.
- Notre attention est divisée sur plusieurs choses en même temps.
- On a l'impression de manquer de temps.

Un des moyens pour se réconcilier avec le temps et d'observer nos comportements vis-à-vis des choses que nous « devons/voulons » faire et de les affronter de façon responsable, choisissons de :

- Les manifester,
- Les éliminer,

- Leur parler comme on parle à un ami et leur demander avec une promesse claire.

Et tout ceci avec transparence et force.

L'énergie est comme l'eau, elle doit trouver une direction à prendre.

Elle ne doit jamais stagner.

Observer le temps

Observer le temps, c'est examiner attentivement son fonctionnement, ses règles, ses frontières ; et pour faire cela, on a besoin de prendre de la distance vis-à-vis de notre quotidien, de nos habitudes et préoccupations quotidiennes et trouver la sérénité nécessaire pour observer. La méditation peut nous aider.

Mot à nu : La méditation

Ancienne planète, définition par Larousse	Nouvelle planète
Action de réfléchir, de penser profondément à un sujet, à la réalisation de quelque chose : Cet ouvrage est le fruit de ses méditations.	Prendre du temps pour « arrêter ». Fermer les yeux extérieurs qui voient la séparation. Ouvrir les yeux intérieurs pour trouver la vérité. Méditer c'est être en état de réceptivité sans réfléchir ou penser. Dans la vérité intérieure, aucune réflexion n'est nécessaire.

Méditer, c'est se reposer, se ressourcer, se recentrer, se nourrir, se cultiver dans les universités cosmiques.

Il existe des centaines de techniques méditatives et « contemplatives » ; par contre, nous ne connaissons que quelques techniques à cause de leur surmédiatisation ; ceci les rend de plus en plus imposées comme seules techniques d'éveil. Or, ces techniques ne peuvent être utilisées de la même façon par tous, car nos besoins, nos rythmes, nos chemins d'évolutions diffèrent.

La méditation et la contemplation sont pratiquées depuis des milliers d'années, pas seulement dans les temples, mais par les gens ordinaires à travers la marche, la danse, le dessin, la cuisine, le jardinage et les arts martiaux. C'est ainsi que l'Ikebana vu le jour ainsi que l'Aïkido et les cérémonies de thé.

Chaque chercheur de Vérité trouvera sa technique méditative pour arrêter le temps et faire le voyage intérieur[19].

---

19 Pour aller plus loin voir: MoveChallenge Méditation.

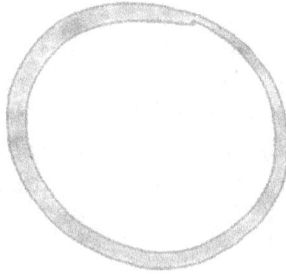

Moment de connexion

En méditant,
On ferme les yeux extérieurs.
Toute illusion de séparation se dissout
Il n'y a plus… moi et toi
Il n'y a plus… moi et ce qui est autour
Il n'y A

Le film qui joue à répétition, se fige
Le temps ralentit
Le néant se dévoile

Es-tu brave,
pour traverser les voiles ?

Oui,
alors plonge
et reviens avec un nouveau regard
Partage-le,
avec les autres étoiles.

Non,
Alors, ne te décourage pas
Nourris-toi
Du fleuve de cristal
À ton prochain voyage
Tu iras encore plus loin…

Interagir avec le temps

À votre retour du voyage méditatif, vous verrez le temps autrement, vous commencez, tel un magicien, à créer le temps-là où il faut, et l'enlever là où il n'a plus raison d'être. Telle une pâte qu'on mélange et pétrit.

Ce processus est graduel et passe, comme pour toute expérience par des essaies jusqu'à atteindre une certaine maîtrise.

Les mantras ou les affirmations peuvent vous aider dans cette expérience. En les utilisant de façon quotidienne, on annule les anciennes programmations de haine envers le temps. Voici des exemples :

- J'ai tout le temps qu'il me faut.

- Je crée le temps selon mes Mandats de vie.

- Le temps est mon Partenaire.

Pardonner au temps

Avez-vous constaté le nombre d'expressions en lien avec le temps ? Certains dénotent d'une sagesse incroyable, d'autres de désespoir et négativité absolus :

- Le temps, c'est de l'argent.

- Les temps sont durs.

- « Toujours » un terme utilisé dans les disputes conjugales !

- Être en avance sur son temps (sagesse ou regret ?)

- Passer le temps ou encore tuer le temps (quelle violence ! C'est normal que le temps s'enfuie !)

- Il fait un temps de chien. (!!!)

- Profiter du bon temps (comme si le « bon temps » est en rupture de stock).

- Rattraper le temps perdu, le temps presse, etc., etc., etc.

Voyez-vous combien le terme « temps » a besoin d'être nettoyé de concepts limitants !
Aidons-le pour qu'il nous aide à son tour et pardonnons-lui ce que « nous » lui avons attribué.

Moment de connexion :

Cher temps,
Nous vivons avec toi, mais nous ne te connaissons pas.
Nous t'avons tant méprisé
Pour ton « pouvoir » sur nous

Nous te pardonnons (ce que nous t'avons attribué) :
Autoritaire et injuste
Rapide et insaisissable

Pardonne-nous de ne pas t'avoir compris, pardonne-nous notre ignorance, notre impatience et inconscience.

Merci de nous rappeler notre « Pouvoir », notre rôle de Magicien
Merci d'exister pour nous permettre de vivre cette expérience sur Terre
Merci de nous aider à oublier les souffrances
Et à être tourné vers un avenir joyeux, plein de promesses

Merci d'être Notre partenaire

Le temps n'est que l'expression des cycles ;
les blâmer pour leur raison d'être n'est
qu'une ignorance des lois cosmiques et… un
manque de connexion au Un

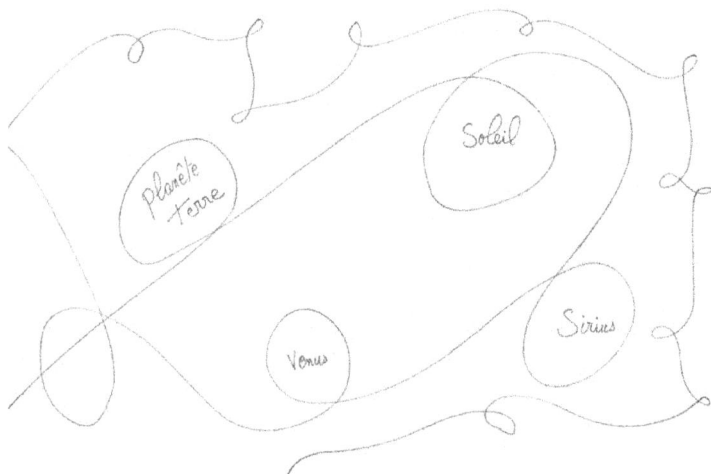

Usine
Chimique

Planète
Terre

Soleil

Venus

Sirius

Réconciliation avec ses ennemies : souffrance/drame

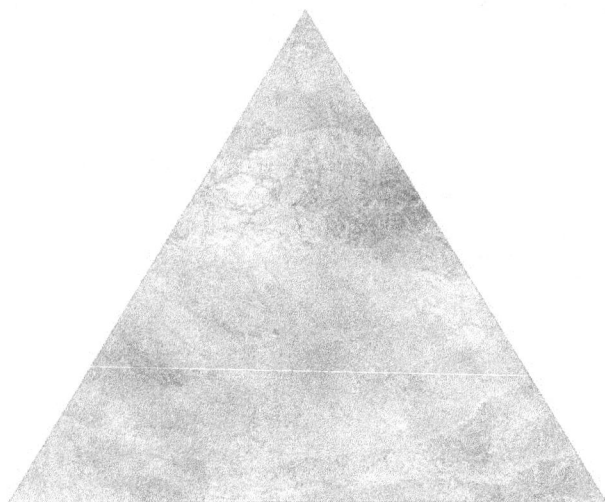

Se réconcilier avec la souffrance et le drame

La souffrance survient à cause d'un changement de peau, des fractures se font pour laisser la lumière pénétrer.

Plusieurs mamans se rappellent la naissance de leurs bébés, non comme un moment de souffrance, mais comme un moment de pur bonheur.

La souffrance se vit pendant un « moment » ; et malgré l'intense douleur, cette phase finit par passer, sauf si on s'attache à elle... par obstination...

Mot à nu : L'obstination

Ancienne planète (Définition du Larousse)	Nouvelle planète
Idée répétitive et menaçante, s'imposant de façon incoercible à la conscience du sujet, bien que celui-ci en reconnaisse le caractère irrationnel.	C'est un Choix pour éviter de voir la vérité du moment. C'est sortir du moment présent. Concentrer son attention et son énergie sur une idée, une pensée, une mémoire. Une forme de résistance à une vérité/lumière qui s'exprime à l'intérieur Une fuite de soi par peur de s'affronter.

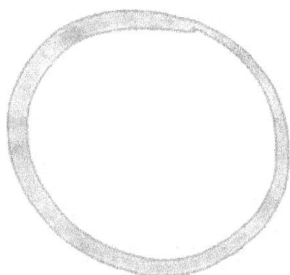

Moment de connexion
avec la Source

- Pourquoi est-ce volontaire ?

Quand on souffre, on s'attache à un rôle qui nous satisfait, qui nous « rend service » et nous prévient de tomber dans le vide, dans l'Inidentité.

- Donc on s'identifie à cette souffrance ?

Oui, quand on parle de souffrance, on parle de « sensations fortes », d'« une histoire que l'humain se raconte » et qui le garde « en vie dans la vieille peau », et si jamais il s'aventure en dehors de Sa souffrance, il découvre qu'elle n'existe pas.
Alors, il fait un choix conscient. Dans certains cas, il la recrée à l'infini par peur de se perdre ou il comprend, il plonge dans le néant, rencontre l'espoir, découvre sa nouvelle peau et continue son chemin.

- Une nouvelle peau ?

Oui, ce que vous appelez une nouvelle vie, incarnation dans laquelle l'humain est plus conscient de sa lumière.

- Est-ce que l'humain doit souffrir pour retrouver sa lumière ?

Cette question se base sur la peur et l'oubli.
Il n'y a aucune obligation de souffrir, il y a Vie
Il n'y a aucune raison d'avoir peur, il y a le Tout

Vous passez votre vie à chercher, trouver, éviter, fuir quelque chose. Vous êtes en action « anarchique » en permanence.
Vous n'avez pas à réfléchir sur ces cycles de Vie en projection dans l'avenir ou le passé, vous n'avez qu'à vivre, être dans votre corps et arrêter de l'éviter ou de le changer par peur de la souffrance.

La souffrance est passagère, elle se vit au moment présent, le moment suivant elle n'est plus.

La souffrance est moment présent.

Le bonheur est d'être dans le Moment présent.
Réfléchir sur la souffrance, s'y attacher, c'est revivre le passé et sortir du moment présent.

- Comment sortir de ce cercle de souffrance ?

Le cercle de souffrance crée le « drame » dans lequel l'individu s'emprisonne.

*Par obstination, on s'attache à la souffrance
du passé et on le revit de façon volontaire.*

Mot à nu : Le drame

Ancienne planète (définition du Larousse)	Nouvelle planète
Pièce, film, etc., d'un caractère général grave, mettant en jeu des sentiments pathétiques et des conflits sociaux ou psychologiques (par opposition à la comédie).	Un « rêve ou réalité » que l'humain crée par habitude, attachement ou peur de découvrir une nouvelle vie/vision, de plonger dans le néant, de plonger dans son cœur.
Événement ou série d'événements tragiques opposant des êtres humains les uns aux autres	Une attraction nait de cette attitude, qui vient confirmer à l'humain le rêve qu'il a créé. Tout se place et se regroupe autour de la « croyance ». La « croyance du Drame » se consolide.
Événement auquel on attribue une importance ou une gravité excessive	Une incompréhension et vision restreinte des raisons profondes d'un événement.

À mon arrivée sur Terre.

Réflexion

Dans les moments les plus difficiles :

Souvenez-vous d'un rêve de nuit, votre impression au réveil d'une sieste...
Vous vous levez et vous ressentez le bonheur et la paix...
Vous clignez encore les yeux et vous revenez à la vie présente, vous rappelez votre vie terrestre...
Vous vous rappelez votre "drame", la souffrance dans laquelle vous vivez, vous soupirez...

Dans cette expérience, vous avez franchi une frontière entre :

- Ce que vous êtes vraiment : Bonheur, Paix, Liberté...,

- le drame/souffrance... à laquelle vous vous êtes attachée.

Mais comment faire évaporer ce nuage qu'on s'est créé ?
Le voulez-vous vraiment ?
Vraiment ?

Êtes-vous prêt à prendre la Responsabilité de vous en débarrasser ?
Si oui, mettez cet engagement par ici ou dans votre journal...

Pour sortir de cette répétition, voici quelques étapes à franchir :

1. S'observer : la première étape est l'ouverture de conscience. L'observation est une action très importante dans le processus de libération, elle permet d'ouvrir les yeux, de constater la "séparation", on "met une distance" avec ses croyances et on "discerne".

2. Comprendre notre part de responsabilité dans le maintien du Drame. Il s'agit d'une étape importante qui nous éveille à notre Pouvoir Créateur.

3. Saisir le sens des expériences difficiles dans nos vies : en élargissant notre perspective (le regard d'aigle), on réalise que toute expérience de vie nous façonne et nous permet d'être ce que nous sommes aujourd'hui.

4. Être conscient de son attitude dramatique répétitive et reconnaître que le drame est une dépendance : on recrée le drame comme une vieille cassette qui se remet en boucle. Le drame est une programmation à désactiver, et nous avons besoin de volonté et d'honnêteté vis-à-vis de soi, pour le faire.

5. Voir l'effet néfaste de "Recréer un drame" sur sa vie : le drame prend du temps et de l'énergie, c'est une sorte de distraction de votre propre chemin de vie et de ce qui est vraiment important.

6. Comprendre le besoin satisfait par le "drame" : certains sont dépendants du drame, car il les fait sentir vivant, il est sensationnel, il permet de rester en "sécurité" de l'inconnu, le néant, le silence.

7. Nettoyez vos énergies, élevez vos vibrations, faites-vous aider par d'autres Êtres Étoiles.

8. Demandez-vous... avec clarté et honnêteté, comment sera votre vie sans ce Drame ? Ressentez-vous un vide ? Avez-vous oublié de vivre sans lutter, sans vous battre, sans être victime ? Avez-vous oublié de rêver votre vie sans "Drame" ? Osez rêver, attendez-vous une autorisation pour rêver ? Voyez la peur qui monte, traversez-là, Rappelez-vous votre force, garder la tête haute. Affrontez-là !
Faites un choix conscient pour en finir avec ce programme de Drame et d'en créer une nouvelle vie... à la hauteur de votre Divinité.

9. Le drame est "démodé" : atteindre cette étape est central à la libération. Vous verrez le drame comme une façon de faire qui n'a plus lieu d'être, c'est dépassé et déplacé.
Si vous retombez dans le Drame encore une fois, recommencez les étapes encore une fois : observez, comprenez, élargissez les horizons, etc.
Sortir du Drame deviendra de plus en plus facile et chaque fois le drame vous paraîtra, encore plus, démodé...

10. Faites ce chemin sans culpabilité, car c'est un autre piège du "Drame"

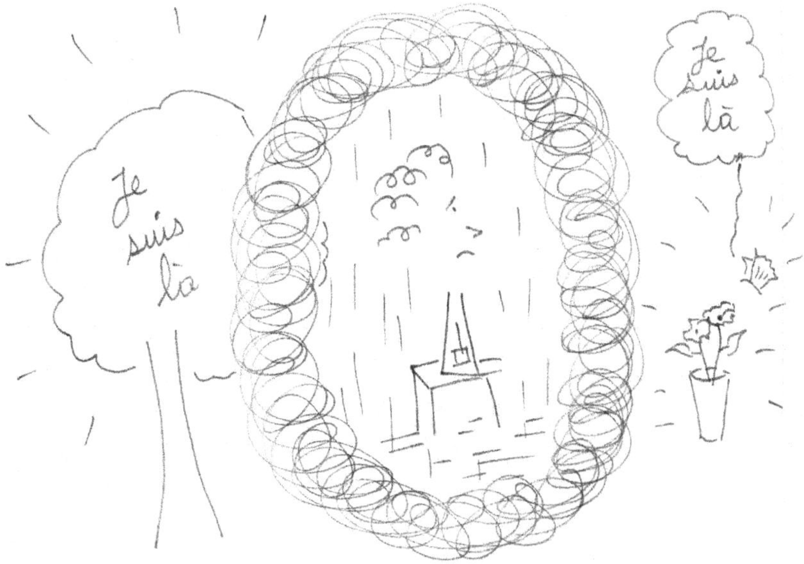
Je suis là
Je suis là

Réconciliation avec ses ennemies : Vous-même

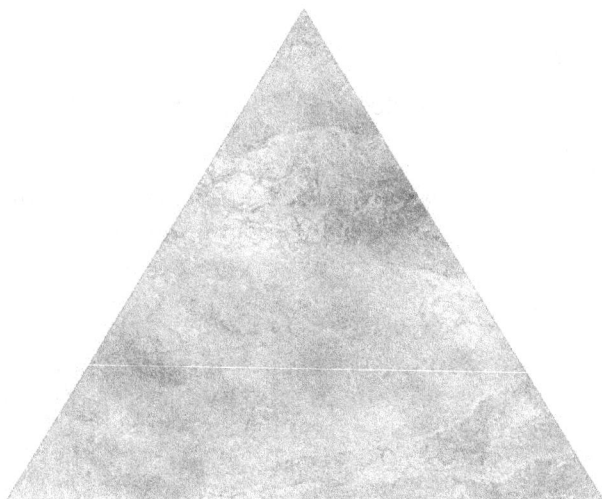

Se réconcilier avec vous-même

Depuis la venue de l'humain sur terre et malgré toutes les mutations qu'il a vécues, il n'a pu s'échapper à la programmation d'auto-détestation.

Il a développé sa capacité mentale à analyser et juger des choses en mettant de côté la sagesse universelle qui relie la bienveillance et la sagesse, le pardon et l'amour, le féminin et le masculin.

Il a appris à se juger et à se mettre dans des boîtes qui se transforment selon les mœurs.

Le rang

À travers les siècles, plusieurs choses passent du rang d'« acceptable » à « non-acceptable » et vice-versa. Le « Rang » est le fruit du jugement, accentué par l'opinion publique. Il peut créer le bonheur ou le malheur dans sa propre vie et celle des autres.

Exercice :

Trouvez des exemples qui illustrent le changement des Rangs.
Voici des exemples :
La philosophie dans les siècles gréco-romains était le « sommet de la Connaissance », elle est passée au rang des « dangereux » et maintenant elle est dans les rangs des « compliqués ».

La machine à coudre était un « incontournable » ! Ensuite, c'est entré dans le rang des « Inutiles », maintenant c'est dans les rangs de « à la mode ».

La femme ne devait pas avoir de relation en dehors des liens du mariage. Aujourd'hui, c'est « acceptable ». Dans certains pays, le mariage est même passé au rang des « ringards ».

Combien de personnes ont souffert de ces « rangs » ?
Combien de femmes ont été jetées par leurs familles à cause de l'« honneur » ?
Combien de personnes ont été emprisonnées à cause de leurs visions philosophiques ?

De l'extérieur à l'intérieur

Ces « rangs » ou « opinions publiques » sont en réalité :

- Une opinion réductrice de soi et des autres : la diversité est rejetée, la richesse de toute chose n'est pas honorée.

- Une trahison envers soi, envers sa divinité : on a peur de s'afficher, de vivre sa Vérité.

- Un manque de courage et une peur des représailles, une programmation historique qui se transmet d'une génération à une autre.

- Une perte de connexion encore une fois avec le divin en soi.

- Une déloyauté envers soi : on donne son pouvoir à l'autre, on se laisse porter par la volonté/sommeil de la Masse.

Ce mécanisme pousse les humains à se sacrifier pour maintenir les conditionnements et les réductions et à s'entretuer pour des Rangs.

Les rangs se sont longtemps maintenus par :

- L'abus de pouvoir : imposer aux autres des lois et des contraintes, les conformer par la force au risque de se voir priver ses pouvoirs, sa liberté, sa vie.

- La culpabilité : culpabiliser ceux qui ne rentrent pas dans les boîtes, les montrer du doigt, les stigmatiser.

Mot à nu : La culpabilité

Ancienne planète (du Larousse)	Nouvelle planète
Sentiment de faute ressenti par un sujet, que celle-ci soit réelle ou imaginaire.	Sentiment de regret et de rejet qui résulte d'une vision accusatrice envers soi. Cette vision est conditionnée par le Rêve/Réalité/Conditionnements de la personne.

La Culpabilité sert de frein envers nous-mêmes dans le but de nous empêcher de reproduire une « faute/erreur ». Elle a donc son utilité dans la vie communautaire : un voleur qui ressent de la culpabilité sera moins enclin à revoler par la suite, car la culpabilité/les remords le freine.

Or la notion de « faute/erreur » est devenue un instrument de torture utilisé à répétition dans TOUS les domaines de vie !
La Culpabilité, avec son amie la Peur, sculptent selon les sociétés, les systèmes d'éducation, et même les rêves ou les valeurs personnelles.

Nous sommes dans une prison et on nous regarde de partout, on nous juge sur nos actions… Peu importe ce qu'on fait, on sera toujours coupable d'une faute.

La culpabilité régit la vie de l'humanité.

Ça à l'air très délicieux... Je sens que je vais succomberrrrn

"Tarte de culpabilité"

Exercice :

Avant d'aller plus loin, prenez un moment et respirez...
Vous êtes-vous senti coupable aujourd'hui ?
De quoi ?

- Ne pas avancer rapidement (par rapport à qui ?)
- Ne pas s'intégrer dans la société (dans quelle boite ?)
- Ne pas avoir d'amis
- Ne pas parler assez à mes parents
- Avoir raté son entrée l'université
- Ne pas être digne de vivre...
- Un retard sur les projets,
- Oublier de payer une facture,
- Ne pas se reposer assez
- Ne pas prendre soin de son enfant intérieur
- Pas comme les autres...

- etc.

Cette notion de jugement a longtemps été nourrie par les enseignements religieux. Cela dit, on la trouve de nos jours dans les systèmes gouvernementaux et organisationnels qui se disent eux même « non-religieuse » : on surveille, on met la faute sur l'autre pour ne pas être en cause et subir les représailles, on « passe la patate chaude ». On est coupable (au lieu d'être innocent) jusqu'à preuve du contraire.

On ne réalise plus son rêve comme une issue naturelle de sa présence sur Terre, mais plutôt comme une fuite du sentiment de culpabilité.
On réalise son rêve de peur de « rater quelque chose », de peur de ressentir la culpabilité dans l'avenir !!!

Essayez de ne pas culpabiliser parce que
vous vous culpabilisez

Un arrêt

Je vous invite à constater l'effet de la culpabilité sur votre vie, avec quelle énergie elle vous laisse ?

Se donner les permissions

Quelle permission avez-vous besoin d'avoir pour vivre, pour vous assumer... ?
Mettez l'intention, ici et maintenant, de vous donner les permissions nécessaires.
Annulez les vieilles programmations qui vous causent ce sentiment de culpabilité.

Vieilles programmations	Je me donne la permission de...
Tais-toi	
Redresse-toi	
Ne souris pas	
Ne sois pas gentil	
Ne montre pas la tristesse	
Ne montre pas la joie	
Sois fort	
Sois sage	
Sois tranquille	
Sois comme les autres	
Fait comme les autres	

Sois poli	
Couvretout, cache-toi	
Montre tout	
Fais attention aux hommes/femmes	
Ne fais pas confiance	
Travaille	
Étudie	
Vote	

C'est fini

Ce sentiment de culpabilité est définitivement un frein à votre épanouissement personnel, il vous empêche de profiter pleinement du moment présent et de ressentir le bonheur de Vivre et d'Être.

Mais il n'a plus raison d'être. Vous n'avez plus besoin de l'entretenir. Vous n'avez plus à vous empêcher de vivre par manque d'autorisation, par peur de ne plus faire partie de la Masse, ou par crainte des représailles.

Moment de connexion :

Décidez d'Être
Décidez de vous voir comme un Être Étoile

Donnez-vous l'autorisation
Sans le chercher ailleurs
Donnez-vous le droit de vivre
Vous avez l'autorisation de vivre

Vous êtes un être sacré
Et non un être souillé
Vous êtes à une extension de la volonté universelle

Soulevez-vous
Relevez votre tête
Donnez-vous la permission d'être
Donnez-vous la permission de vous aimer
Sans condition
Sans obligation
Sans Rang

Votre présence est une générosité pour la Terre

Ne vivez plus sous terre
Affirmez-vous
Personne ne le fera pour vous

On vous attend...

Réconciliation avec ses ennemies : la peur

Se réconcilier avec la peur

Mot à nu : La peur

Ancienne planète (de Larousse)	Nouvelle planète
Sentiment d'angoisse éprouvé en présence ou à la pensée d'un danger, réel ou supposé, d'une menace. Appréhension, crainte devant un danger, qui pousse à fuir ou à éviter cette situation.	La peur est une émotion qui se déclenche en réponse à un danger imminent et réel pour nous pousser à agir. La peur devient pathologique quand on la projette de façon négative et répétitive sur le futur.
Crainte que quelque chose, considéré comme dangereux, pénible ou regrettable, se produise	La peur est un manque d'équilibre et d'harmonie qui survient lorsque la personne perd sa connexion avec elle-même, avec le Divin.
Crainte du jugement, des réactions de quelqu'un, qui fait qu'on adapte son comportement, qu'on obéit à certaines consignes : Elle a plus peur de son grand frère que de son père.	La peur est la première couche/surface d'un malêtre profond, c'est un messager qui invite à découvrir la Vérité et à prendre action.

La peur est un regard, la peur est un instant

Dis-moi ce que tu regardes et je te dirai comment tu vis.

Les anciens se levaient avec des chants et des champs. Le regard se portait au loin et l'oreille et le cœur se réveillaient dans l'amour et les chants harmonieux des oiseaux et des voix. J'ai la certitude que ça les renforçait et que leur système se dynamisait en douceur du retour du royaume d'en haut.

Les peurs ou les angoisses, la colère ou la tristesse n'avaient pas de quoi s'alimenter, car aussitôt reçues, aussitôt libérées et guéries. Le corps humain était ainsi Léger et l'équilibre facilement rétabli.

C'est l'attachement à la peur qui cause plus de mal que l'objet de la peur !

La peur est « La pétoncle » !

J'ai constaté que le mot Peur était lourd de sens, de vécu et d'énergie. Les personnes que je recevais pour la première fois avaient de la difficulté à dialoguer avec leurs peurs, mais il suffisait de changer le mot pour que tout coule avec simplicité et authenticité.

À ce moment-là, les clients renouaient une amitié forte avec cette émotion, lui donnaient un autre visage plus doux, drôle, qui a un sens… et un besoin.

J'ai décidé donc de faire la même chose ici dans ce livre ! Et de nommer la Peur autrement, il m'a fallu un mot que j'aime, qui sonne bien et qui contourne le mental !

Vous voici en train de lire sur la Peur, oups ! je veux dire la Pétoncle (oui, au féminin, ça sonne mieux pour moi !)

La pétoncle agit dans nos vies comme une amie mal aimée. Le fait de la nommer nous fait remonter toutes les Pétoncles enfouies en nous : celles qu'on a réellement vécues ou qui ont été transmises de nos ancêtres, de la télévision ou autre.

On apprend ainsi à se méfier, à s'attendre au pire, « Il va sûrement arriver quelque chose. »
C'est ainsi qu'on développe un regard effrayé...

Nier la pétoncle

Sous l'influence du doute et de la pétoncle, le flux de pensées chemine dans une seule direction : celle du manque de confiance, du jugement, du danger, du négatif, du pire, de la déconnexion.

*La pétoncle agit sur les perceptions,
l'imagination, la foi.*

Lorsqu'on nie la pétoncle :

- On se confine à un portrait négatif et on le répète jusqu'à ce qu'il devienne un cadre mental habituel et réel : « Je suis faible, je ne peux pas, je n'y arriverai pas seul. »

- On sabote ses projets.

- On satisfait les autres et néglige ses propres besoins.

- On plonge dans l'action perceptuelle pour ne pas la sentir.

- On se sent inférieur, mal à l'aise avec son « Soi global », coupable.

- On se coupe de soi et on nie toutes les autres émotions.

- On accumule des biens et on vit tout le temps dans l'insécurité, le danger, l'urgence, la fuite en avant, l'action, les activités multiples et les dépendances. Ces dépendances peuvent être de plusieurs natures : matérielles (sucre, tabac, drogues, accumulation d'objets, d'argent, achats compulsifs, etc.), mais aussi affectives (amis, famille, etc.)

- Sur le corps physique : des blocages énergétiques se forment à certains endroits du corps : la gorge serrée, mâchoires raidies, épaules relevées, genoux verrouillés, respiration rapide (seulement du haut de la poitrine), migraines, vision trouble, fatigue, pleurs sans raison apparente, détresse, absence de concentration, irritabilité, insomnie.

- On s'isole : « Personne ne me comprend ».

- On stagne dans la même situation malheureuse (garder un emploi, une relation, un logement qui nuisent, etc.) sans jamais oser s'aventurer.

- On se sent impuissant et on doute de soi ; ou au contraire, on fuit en avant, peut-être vers un danger volontairement pour prouver son courage.

Il va falloir casser ce portrait !

Affronter la pétoncle ou la comprendre ?

Pour affronter la pétoncle, il faut se reconnecter à ses émotions, ne plus avoir « la pétoncle de la pétoncle », se reconnecter aussi à son corps physique, au corps mental et à sa « Vérité » d'amour et lumière, se rappeler le Soi sacré, fort et puissant.
Rétablissez le contact, n'ayez pas peur de voir les choses en face, vous y trouverez du beau et du moins beau !

La pétoncle se manifeste pour nous pousser à agir contre un danger réel, fictif ou imaginaire.

Dans le cas d'un danger réel, la pétoncle agit comme un bouton qui active l'instinct de survie, élève l'énergie vitale du corps (adrénaline) pour pousser à une action concrète à une issue rapide.
Dans le cas d'un danger imaginaire, la pétoncle agit comme un bouton qui vous dit : « Réveille-toi, c'est le moment de faire face, de regarder la vraie taille de l'obstacle, son effet, tes anciens mécanismes de fuite. »

Mais si vous l'entendez jusqu'au bout, vous l'entendrez dire : « Ta force et ton courage sont bien plus grands que les petits obstacles que tu regardes. »

La pétoncle est une amie qui nous révèle notre vraie nature. Au début on se sent mêlé, mais, par la suite, on démêle le vrai du faux.

Par le passé, nous nous sommes peut-être crus faibles, mal aimés, inférieurs, ne méritant pas d'être.

Ces fausses perceptions nous poussent à développer des techniques de défense, mais la pétoncle désamorce ce processus, elle nous pousse à bout !

Oui, la pétoncle nous libère et fait sauter toutes les boîtes dans lesquelles on s'est enfermé. Mais à condition de ne pas s'attacher à « l'instant de peur », de comprendre son message et de le laisser passer.

Plus vous faites cet exercice, plus vous gagnez en habileté, et plus vous êtes détachés à ce que la Pétoncle représente et vous voyez ce qu'elle véhicule réellement.

Mon Expérience

Ma pétoncle de me noyer

Je suis une passionnée de la mer. Depuis mon enfance, je communiquais avec elle, je la caressais, je plongeais dedans comme une sirène qui cherche à percer un secret dans ses profondeurs mystérieuses.

Nous nous rencontrions comme deux amoureux qui s'embrassaient et se laissaient fondre par la passion.

Enfant, notre père nous amena un jour, moi et mon frère, à une plage où la mer est réputée pour sa belle couleur bleu ciel, sa profondeur, mais aussi pour son humeur changeante !

Ce jour-là, elle était un peu agitée. Mon père nous demanda donc d'être prudent et de nager ensemble sans nous éloigner de la côte.

Nous sommes parti, mon frère et moi, nous amuser dans l'eau, mais tout à coup, je vis que mon frère s'éloignait et il commença à s'agiter de peur. Je pris donc sa main pour l'attirer vers le sable, un lieu plus sûr.

Il sortit en courant, mais en le poussant avec force, je m'éloignais de la rive. Je sentis les vagues m'amener plus loin, et un tourbillon profond m'engloutit les pieds. La pétoncle me submergea et j'essayais de crier, mais aucun son ne sortit. Je sentis la frayeur et un cri muet remonter : Je veux vivre, ce n'est pas le moment de partir…
Mon instinct de survie prit le dessus, je commençai à nager avec force, à me battre avec les vagues.
J'arrivai à la côte…

Qu'est-ce que ça m'a appris ?
Dans notre travail comme thérapeute, il nous est primordial de connaître nos limites en soutien. Mon rôle est d'accompagner la personne et lui laisser son plein pouvoir pour agir, pour décider de sa vie et de son avancement.
Ma Pétoncle de me noyer m'a limitée pendant plusieurs années : je ne pouvais pas nager au large sans avoir de la compagnie pour me rassurer, mais cette histoire m'a appris à être prudente quant aux limites de l'aide que j'offre et à donner juste ce qu'il faut.
Empathique et intuitive depuis ma tendre enfance, j'avais tendance à laisser les émotions des autres me submerger, à entrer dans leur vie pour les « sauver », mais c'était en vérité une envie de me « sauver ».

Cette Pétoncle de se noyer représente aussi :

- La pétoncle de se retrouver seule

- De « sombrer » dans la vie, dans les problèmes, dans la joie… dans l'inconnu.

- Le besoin de toujours avoir le pied solide, d'être en sécurité : des économies, de personnes qui m'entourent, etc.

Quelles sont vos peurs et quels sont leurs messages ?

La porte de sortie

Lorsqu'on prend conscience de l'effet de la Pétoncle sur nos vies, on commence à se poser des questions sur nos croyances :
Ce que je perçois, est-ce vrai ou faux ?
Comment voir mon avenir avec confiance ?
Suis-je capable ? Suis-je solide pour affronter la Peur, la Vie ?

Ai-je assez d'amour pour moi-même pour vouloir vivre heureux ?
Je fais appel à mes guides, est-ce qu'ils existent ?
Je vois des choses, est-ce mon imagination ?
Il y a plusieurs voies spirituelles. Vers lesquels me tourner ?

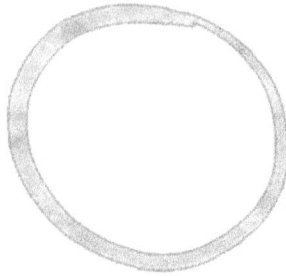

Moment de connexion :

Aie confiance en ton pouvoir intérieur, il est bien plus grand plus
que ta pétoncle
Retrouve ta connexion

Tu n'as plus à tenir
le rôle de transformateur... des peurs de l'univers

Touche ton centre de pouvoir, ton plexus solaire
Caresse-le
Ressens-le
Tu n'as plus de recevoir les peurs
Demande-lui dorénavant de recevoir l'amour des univers...

Inverse le tout,
Emploie ton pouvoir
Utilise ton mental
à d'autres fins que celle d'alimenter la souffrance.

Pour aller plus loin

- Utilisez les mots pour vous aider de façon quotidienne, utilisez ces phrases avec vous-même et les autres, voici quelques exemples :

  ➢ Pour retrouver la confiance : « J'ai confiance en moi et en l'Univers/Dieu »

  ➢ Pour contourner le jugement : « Je m'aime tel que je suis TOTALEMENT »

  ➢ Le sentiment de sécurité : « Je suis en sécurité, bien protégée, bien entourée dans le monde visible et non visible "

  ➢ Pour se Reconnecter : « Je suis connecté, je suis divin, je suis fort, puissant, lumineux, total, intemporel, amoureux, joyeux, libre et heureux. »

  ➢ Se rappeler sa beauté : « Je suis positif, je vois la beauté en toute chose, la raison de mon ascension, de mon évolution, de mon chemin vers l'amour. »

- Priez, méditez, communiquez avec votre Moi supérieur/Dieu/Univers :

« Je suis connectée à Dieu/Univers, la Source divine de toutes choses, celle/celui qui m'entoure, me guide, m'aime, me soutient, m'amène sur Mon chemin, m'englobe, m'aide, m'aime de manière inconditionnelle, le Un, l'unique, le puissant et lumineux. »

« Peu importe où je suis, qui et comment je suis.
Je suis heureux, optimiste, je regarde mon présent et mon futur avec joie et confiance. Je souris...

Je souris, je ris et je vis en paix avec moi-même et les autres.

J'accepte ma lumière et je la laisse rayonner à travers chaque cellule de mon corps, chaque neurone de mon cerveau, chaque battement de mon cœur, chaque goutte de mon sang.

Chaque respiration... ajoute à ma lumière, à l'amour.

Je suis l'amour par lequel je vois, j'entends, je goutte, je touche, je sens, je respire.

Tout en moi rayonne lumière et amour.
J'attire ce qui me ressemble, la joie, le rire, l'amour, la confiance, la sécurité, la paix. »

Rester vigilant

Pour sortir du cauchemar qu'on s'est créé avec la pétoncle, on a besoin de :

- Prendre la responsabilité de nos pensées : choisir celles que nous cultiverons et celles que nous laisserons partir.
- Avoir des moments de contemplation, ne rien faire.

Vous remarquerez que les pensées sont comme des nuages dans le ciel infini de votre esprit et c'est à vous de choisir si vous embarquez sur un nuage... ou pas. Si vous décidez d'embarquer, voyez vers quelle direction vous allez.

Note

Lorsque la pétoncle se présente, prenez un moment et n'embarquez pas sur son nuage. Vous déclencherez ainsi une discontinuité dans les pensées par une responsabilité/attention/décision contenue, précise et mesurée.

Et si un jour vous embarquez sur son nuage sans comprendre son message, et même si les nuages prédominent, sachez que le soleil est toujours là, il est juste caché !

Débloquer

Osez exprimer les pétoncles seul ou avec d'autres personnes quand vous le jugez nécessaire, plusieurs thérapies aident à la traverser, je cite parmi eux :

- Les thérapies cognitivocorportementales qui modifient les schémas de pensées irrationnels (six mois à un an).

- PNL, EFT, la visualisation, l'humour, le rire.

- Se donner le droit de dramatiser cinq minutes, mais de façon parfaitement parfaite ! passer à autre chose par la suite !

- Pour aider le corps à débloquer les lieux où la pétoncle se concentre : acuponcture, ostéopathie, shiatsu, reiki, Access bar. Le sport est une excellente pratique aussi pour évacuer les tensions et retrouver un sentiment de sécurité/enracinement : Taïchi, Qi gong, Aïkido, tout en maintenant une respiration abdominale.

- Ne restez pas seul : rejoignez un groupe de méditation, parlez avec des amis, laisser les gens venir à vous.

- Et enfin, félicitez-vous pour votre courage : 'As-tu vu ? As-tu vu comment tu t'en es bien sortie ? Tu es toujours en sécurité dans l'amour et la paix. Tu as fait un pas de plus vers La meilleure version de toi-même, vers une conscience plus large, vers l'amour et la guérison'.

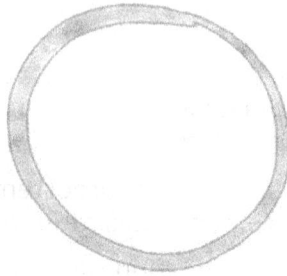

Moment de connexion :

Dans la nouvelle planète, la peur retrouvera sa place.

Vous vous êtes longtemps laissé aller par des décors sombres
Et vous n'avez créé que des frontières
Vous avez créé la destruction avec votre regard
Rappelez-vous la force

Vos peurs ont pour racine la mort...
Rappelez-vous que la mort n'existe pas...
Rappelez-vous votre amour pour cette planète
Donnez-vous le droit de voir la Beauté
Et de manifester la beauté...

Il est temps.

Réconciliation avec ses ennemies : Parents Célestes

Se réconcilier avec ses parents célestes

Avez-vous eu des conflits avec vos parents ? Des expériences difficiles ? Ressentez-vous de la tristesse, de la colère, ou la rancœur envers eux ?

Lors de notre arrivée sur Terre, nous atterrissons dans la famille que nous avons choisie selon notre plan divin et l'expérience que nous avons choisi de vivre.
En ouvrant les yeux, nous croyons retrouver notre famille d'âme lumineuse angélique, c'est en partie ce qui arrive, mais en ajoutant la dimension humaine (émotions, passés, karma, etc.), la formule se complexifie.
Nous réalisons au fur et à mesure que nos parents sont… Humains ! Quel choc ! Et quelle déception !
Un traumatisme en soi, et nous montre qu'il est impossible de remplir le vide intérieur (causé par le voile d'oubli), par l'amour de nos parents humains. Ni de trouver l'aide et support dont on a besoin pour avancer dans la vie.

L'œil intérieur n'était pas ouvert et on ne comprend pas la raison de Tout ; alors on s'accroche, on se victimise par manque d'amour, on devient justicier ou sauveur de nos propres parents.

Le pardon

Depuis que j'ai entrepris mon chemin de Rappel, j'ai réalisé que le travail le plus difficile parfois, est de pardonner à nos parents leur Humanité.

à 1 an

Vous
êtes Humains?!!!

20 ans plus

Il est important pour les Êtres Étoiles de se réconcilier avec leurs parents humains. Ce travail n'est pas à prendre à la légère, car notre lien à nos parents terrestres influent toute notre vie. Nous n'avons plus le temps de rester pris dans des liens toxiques et ancestraux.

Nous avons le rôle désormais de vibrer l'harmonie et la paix. Le pardon et la réconciliation ne se font pas en une journée, mais prennent du temps, de l'énergie, et de la vigilance.

Tant que nous n'avons pas fait la paix avec nos parents, le schéma parental se répète à l'infini à travers nos relations professionnelles, amicales et amoureuses.

Le pardon commence par la compréhension

Au fur et à mesure que notre conscience s'élargit, nous voyons avec les yeux d'aigle et nous comprenons le rôle de nos parents terrestres dans ce chemin d'ascension, nous commençons un processus de détachement et nous donnons un sens à cette expérience.

Cela ne veut pas dire que nous ne sentirons plus le vide intérieur ou que nous n'aurons plus besoin de support, mais nous aurons un rapport plus neutre et serein avec nos parents.

Le vide intérieur

Une manière de « remplir » le vide en soi consiste à « ramasser » ses parts d'âme, des bouts de soi, des mémoires dispersées à travers les voyages cosmiques et les expériences terrestres, dans le but de s'Unir, car c'est à travers l'Union qu'on ressent la véritable Paix.

Cette Union inclut l'union à nos Parents Célestes

Les Parents Célestes ?

Certaines approches considèrent les parents célestes comme étant les parties féminine et masculine en soi. Je considère les Parents Célestes comme étant beaucoup plus grands, multidimensionnels, enveloppants, que la notion du masculin et féminin. De plus, on peut retrouver le masculin et le féminin chez l'un et chez l'autre.

Cela dit, depuis la rencontre de mes Parents Célestes, J'ai appris ce qu'est le masculin divin et le féminin divin.

Je considère les Parents Célestes comme des Unités de conscience[20] à part entière, des parties de nous.

Le Père Céleste, parfois symbole du principe masculin positif et divin, nous montre comment construire les bases pour mener notre vie. Il est rassurant et aidant. Par sa présence, nous comprenons le sens élevé d'« autorité ». Il nous montre le bon

---

20 Voir section «Unité de conscience»

moment d'employer la force et le bon moment de lâcher. Il est un exemple à suivre, mais ce qui est plus marquant, c'est son rapport à nous, il nous pousse avec bienveillance (le côté féminin) vers une direction, il nous montre comment canaliser et descendre le fluide divin sur Terre.

La Mère Céleste, de son côté, nous nourrit, nous réveille, nous accompagne avec ses ailes de lumière. Elle rassure, soutient dans les moments de transformations. Elle est l'exemple de grâce et de beauté, de don et de pouvoir (côté masculin aussi). Elle nous assiste à toute renaissance et nous donne la force et le courage de traverser les voiles. Elle est aussi compatissante, sage, confiante, responsable et présente quand on a besoin d'elle.

L'union avec les Parents Célestes à l'intérieur de nous nous offre la chance unique de se sentir épaulé, accompagné. Le sentiment de solitude s'évapore pour laisser place à un sentiment doux de confiance. Une existence harmonieuse commence à l'intérieur de soi. Dès qu'il y a un déséquilibre, on peut faire appel à eux pour nous aider à retrouver Notre Centre.

La mère et Père Célestes ne sont pas des Dieux, mais des Unités de consciences du Un.

Pour vous reconnecter à vos Parents Célestes, formulez un Appel en utilisant vos mots et vos expressions, mais ce qui est plus important c'est l'émotion qui véhiculera votre appel.

Connexion au Père Céleste

En lisant ces lignes, il est possible que le Père Céleste se présente à vous avec un visage familier : ressemble-t-il au Père Noël ? À un personnage mythique ? Voyez-vous une couleur ? Avez-vous une sensation ?
Prenez quelques instants pour identifier cette énergie avec vos mots.

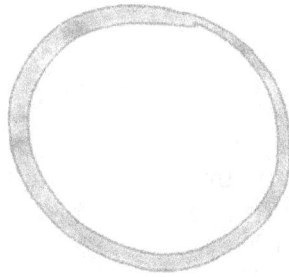

Moment de connexion :

Visualiser ou ressentir votre père Céleste marque le début de la connexion.

Votre Père Céleste est toujours avec vous, il s'agit pour vous tout simplement de vous rappeler qu'il est là...

Père Céleste, merci de veiller sur moi,
Merci de m'aider quand j'ai besoin de toi,
Merci de m'encourager et me conseiller
Merci de ta présence rassurante et bienveillante

Merci de me montrer l'étoile que je suis
De me rappeler de suivre son inspiration
Et de m'aider à la faire rayonner plus encore

Père Céleste, Merci de m'apprendre les lois de la vie terrestre, et des voyages cosmiques
Merci de me montrer ma solidité et ma force
Merci de m'aimer...

Connexion à la Mère Céleste

En lisant ces lignes, il est possible que la Mère Céleste se présente à vous avec un visage familier : ressemble-t-elle à un personnage mythique ? Voyez-vous une couleur ? Avez-vous une sensation ?
Prenez quelques instants pour identifier cette énergie avec vos mots.

Moment de connexion

Visualiser ou ressentir votre Mère Céleste marque le début de la connexion.

Votre Mère Céleste est toujours avec vous, il s'agit pour vous tout simplement de vous rappeler qu'elle est là…

Mère Céleste, merci de me montrer l'aspect le plus sacré et gracieux de mon être.
Merci d'éveiller mes mémoires
De veiller sur moi
De me couver pendant que j'ouvre mes ailes

Merci d'enlever les obstacles et bâtons devant moi

Merci de me rappeler mon potentiel,
De me rappeler ce que j'ai en moi

Merci de m'inonder d'amour céleste,
Celui d'où je viens

Le Père et la Mère Célestes…
S'éloignent ensemble, unis,
Mais vous savez qu'ils ne sont pas loin…

Réconciliation avec ses

ennemies : les autres

Se réconcilier avec les autres

Le chemin de l'ascension n'est pas un parcours de pur bonheur, il comporte des hauts et des bas et des Nuits noires de l'âme ; la sensibilité s'accroît et les émotions nous dévastent.

Mon but n'est pas de vous faire peur avec ce portrait ! Mais de vous décrire le processus naturel de transformation qui comporte des retrouvailles et des vérités qui font fondre le cœur de glace.

> *Rappelez-vous que le but de cette ascension est d'« expérimenter » donc n'ayez pas peur de vivre l'expérience le jour au jour et rassurez votre mental si jamais il s'affole.*

Vous avez tout ce dont vous avez besoin pour survivre ! Et vous avez toutes les Unités de conscience pour ramasser ce qui reste de vous après chaque tempête ascensionnelle.

Bon, revenons aux relations.

Les relations sont des « terrains » d'expérimentation et des miroirs de notre propre chemin d'évolution.

Même si vous êtes un introverti hypersensible[21] comme moi, vous serez quand même amené à nouer des liens avec les autres humains pour des milliers de raisons.

Mais attendez un moment :

Mot à nu : Introverti

Définition de l'ancienne planète (à partir du Larousse): Tendance à se replier sur soi-même[22].

Si une personne choisit de rester seule, à part du monde mondain, on dit d'elle qu'elle est introvertie, n'aime pas socialiser, qu'elle ne comprend pas comment le monde fonctionne, qu'elle ne peut pas s'adapter ou qu'elle a quelque chose de…. bizarre…

Et si tout ceci était vrai…

Décortiquons tout cela avec les yeux d'un Être Étoile :

Un introverti reste seul : c'est-à-dire qu'il se nourrit de l'Univers intérieur, qui est beaucoup plus vaste que ce que projette la société actuelle.

Être à part de la société, ne pas s'adapter, ne pas comprendre comment le monde » fonctionne… mais justement, ce « monde » ne fonctionne pas ! Les concepts de cette société sont éloignés des lois universelles et ne respectent pas la Vie. Ils ont amené souffrance et douleur à l'humanité. En entrant en contact avec ces milieux, on se sent drainé, confus, perdu, en déséquilibre !

Or, notre rôle comme Être Étoile est de rappeler et incarner les lois universelles et l'harmonie de nouveau sur terre. Notre rôle comme « introverti » n'est pas de reproduire le même schéma

---

21 Voir programme Hypersensible et Conscient sur www.ouassimagik.com

22 Définition de Larousse

à l'infini, mais d'amener des enseignements plus harmonieux justement à la société.

Cela dit, nous devons « socialiser » à notre manière pour partager nos richesses sans nous imprégner des faux visages et valeurs de la société actuelle.

On a quelque chose de... bizarre...

Mot à nu : Bizarre

Ancienne Planète (du Larousse)	Nouvelle planète
Qui s'écarte de l'usage commun, qui surprend par son étrangeté ; insolite : Une aventure bizarre. Qui s'écarte du bon sens, dont le comportement est anormal : Un original un peu bizarre.	Ce qui n'est pas expérimenté encore, et que le mental ne saisit pas encore. S'il s'agit d'un comportement, dont on ne comprend pas l'origine, on pose un jugement là-dessus. *Ce mot n'existera plus dans la nouvelle planète et sera remplacé par : « inconnu » ou « incompris ».*

On a quelque chose de... bizarre...
Oui, tout à fait ! On vient des étoiles, on a des superpouvoirs, on ressent les autres, on communique avec des Extraterrestres (même les anges ne vivent pas sur le plan terrestre et physique !) et on fait de la magie ! Tout ce qui rentre tout à fait dans le Bizarre.
Bizarre devient donc un synonyme de « forces et qualités » nous servant dans notre expérience sur Terre.

Socialiser à notre manière

Sommes-nous obligés d'être avec les autres ?
Oui, tant que nous n'avons pas atteint un certain équilibre intérieur. Dans ce cas-là, on rencontre les autres pour donner

un « espace d'expression » à des émotions ancestrales réprimées, on recherche l'amour, l'approbation, une sorte de béquille en attendant de trouver la solidité et *l'Unification*.

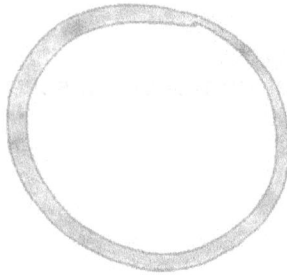

Moment de connexion
entre la Séparation (s) et l'Union (u)

S : Je travaille à mon compte, je suis donc « obligée » de me connecter aux autres.
U : Pourquoi ?
S : Pour qu'ils me connaissent et connaissent mes services
U : Est-ce que ces rencontres te nourrissent ?
S : Non, pas toutes, certaines me fatiguent...
U : Donc, tu n'as plus à le faire ! Tu ne suis pas le flow de la vie...

S : Séparation
U : Union

« S'obliger à faire quelque chose » est un conditionnement de 3D qui ne respecte pas **Le fluide de la Vie**. Il montre que les parties à l'intérieur de nous sont désunies, l'une est l'ennemie de l'autre : une partie sait absolument quoi faire, prévoir, planifier, manipuler et obliger. Elle tentera de tout contrôler pour que ça se passe selon le plan ; mais, en vérité, elle ne connaît pas l'issue finale des évènements et relations. Elle dénoncera d'autres parties de nous et leur dira : toi non plus, tu ne sais pas, tu es fainéante, stagnante et tu ne veux pas avancer (du moins pas comme je veux)[23].

En ascensionnant, une discussion mature prend place entre nos parties intérieures pour trouver une entente, c'est le début de l'Union intérieure. On oublie tranquillement l'inconfort en dedans de soi.

La collaboration

À travers le discours intérieur, on comprend mieux les signaux que les différentes parties en nous nous envoient.
De l'exemple précédent, lorsque S (séparation) veut être connu, son besoin réel n'est pas de rencontrer les autres, mais de faire connaître ses services. Ce besoin pourra être satisfait de mille-et-une façons. Il ne s'agit pas de suivre les façons qui ont marché pour les autres, mais de suivre/créer le moyen le plus facile, fluide et joyeux pour soi, afin de respecter le fluide naturel de la Vie et d'attirer à soi les meilleures solutions/vibrations.

L'arrière de la Scène

Lorsqu'on se contraint à entrer en relation avec des personnes qui ne nous correspondent pas au niveau vibratoire, nous ne sommes pas en respect de la musique de l'Univers et on ne prend pas en compte l'Arrière de la Scène.

---

23 Voir section: Se réconcilier avec soi

Au-delà des sourires et paroles échangées, il y a vie, vibrations, émotions. En acceptant des discussions sans vie avec les autres, nous acceptons de nouer des relations sans vie, qui ne nous nourrissent pas, mais nous nuisent à long terme.

Cela ne veut pas dire que nous ne devons avoir que des discussions sérieuses ou échanger qu'avec des personnes qui nous intéressent ; il s'agit plutôt de trouver une motivation sincère et de partager une parole du cœur avec intégrité.

Vous remarquerez parfois que le fluide de la vie vous mène vers certains évènements ou endroits, vous ressentez la passion, l'enthousiasme et la joie à l'idée de vous y rendre sans raison apparente. Ceci est un très important signe et vous feriez peut-être des rencontres importantes dans ces endroits, ou vous recevrez des idées clés pour vos questions et préoccupations.

Les bases des relations

Dans la Nouvelle Planète, les liens se tissent autour de vibrations et objectifs qui se ressemblent. Ils se basent sur la collaboration et la compassion et le non-contrôle. Ces relations deviennent imprégnées d'énergies et intentions de plaisir et de joie, d'abondance et aisance, et non de manipulation et avidité ou de manque et peur.

Pour développer ces liens chaleureux et nourrissant, on doit devenir ami avec soi-même et rassembler toutes les parties fragmentées à l'intérieur.

Petit rappel :

Il est donc nécessaire de se donner la permission d'être tel que vous êtes.

Soyez à l'écoute de vos besoins : si vous ressentez le besoin de vous isoler et d'être en mode Hermite, respectez-le. Si vous ressentez l'appel d'être en groupe, écoutez-le aussi…

Non à la peur d'être soi

Il est toujours enrichissant d'observer le rapport que nous avons avec nous-mêmes et son impact sur notre lien avec les autres.

Lorsque nous cachons à soi des parties de nous-mêmes, nous faisons de même avec les autres.

La grande majorité des travailleurs de Lumière ont peur d'afficher leurs couleurs. Cette peur remonte à loin dans l'histoire, elle est ancrée dans la mémoire de nos cellules. Combien d'Êtres Étoiles ont été ignorés, jugés, méprisés, persécutés, torturés !

Ce portrait n'a pas encouragé les Êtres Étoiles de se montrer tels qu'ils sont !

Ils devaient se fondre dans la masse pour ne pas être reconnus, faire semblant... et si par « malheur » on découvrait leurs dons, il fallait absolument les nier et les attribuer à la chance, le destin, ou autre.

Cette peur est ancrée dans nos gènes, nous nous sommes tellement caché que nous avons oublié qui nous sommes

Le syndrôme de l'imposteur est une conséquence de ce mécanisme[24].

---

24 Ce terme, inventé en 1978 par deux psychologues, Pauline Rose Clance et Suzanne Imes, indique un «mécanisme psychologique», selon lequel la personne a peur d'être démasquée et a l'impression de tromper son entourage.

Moment de connexion
Mais vous n'avez plus à vous cacher

La peur de s'afficher ou de ne pas être reconnue freine le Maître en vous.
Il ne cherche pas à être admis, car il est autosuffisant,
Ni à survivre, car la mort n'existe pas pour lui.
Il ne fuit pas la souffrance ni le regard des autres.

Il est Vérité et son rôle est de la Vivre pleinement
Il est Rayon et son rôle est de le diffuser complètement

Désormais, votre objectif comme Maître est de retrouver votre liberté d'Être et comprendre que vous êtes au-dessus de toute limite.
Osez respirer
Osez briller
Osez Vivre !
Vous êtes Unique...

En écrivant cette section, j'ai reçu un message spécial pour moi, mais je veux vous le partager...

Tu es libre et n'es captive que de tes pensées
Sensible et délicat,
Tes amis sont les monts et les vents
Tu échanges autrement,
Car tu n'es pas seulement humaine
Tu es un Satellite qui capte et fait descendre

Lorsque tu te sentiras seule
Rencontre ta lumière intérieure
Qui te guide et te rappelle
Ton feu intérieur

Les humains, prisonniers de leurs rêves
Sortent du filet de pêche
Ils te retrouvent
Pour quelques instants
Avant de replonger.

Ne les juge pas
Mais comprends qu'il y'a des gardiens

Nourris-toi de ton feu intérieur
Jusqu'à être complète
Plus aucun manque

Tu n'es pas faible
Tu es puissante

C'est la victoire...

L'ascension et les cordes ou liens éthériques

Être sur le chemin d'ascension n'est pas chose facile, car nous vivons Ensemble !

Tant que nous sommes ici, nous expérimentons différents liens humains qui sont parfois harmonieux et diffusent l'amour, d'autres fois compliqués et remplis de conflits, confrontations, non-dits, blessures, etc. ce qui peut créer des cordes d'attachement entre les individus.

Nous sommes réellement tous liés, que ce soit pour le bien ou le mal.[25]

Ces liens, appelés des cordes servent à échanger de l'énergie, des vibrations et des pensées. Ils sont présents en permanence. Lorsque les liens sont complexes, les individus revivent les blessures, les douleurs émotionnelles et psychiques. Dans cette situation :

- On ne comprend pas encore le sens de l'expérience.

- On oublie son propre pouvoir et perd sa confiance/foi.

- On donne du pouvoir, de façon inconsciente, à l'autre personne : elle revit la situation en permanence ce qui condense certaines émotions dans ses différents corps.

- Plus ces liens sont alimentés, plus ils sont forts et influencent les deux personnes : les personnes reçoivent de basses vibrations l'un de l'autre.[26]

---

25 Le bien étant l'état absolu et final

26 Plus les personnes se jugent, plus ils se lient avec des cordes. Il se renforcent et influencent les deux personnes de manière négatives.

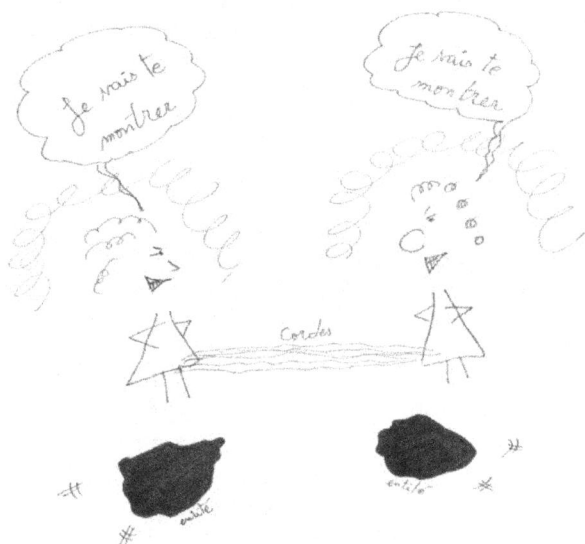

La protection

Toute personne a une protection spirituelle innée contre les attaques psychiques de toute sorte.

Rappelez-vous, l'âme vit toute expérience par choix…

Durant l'ascension, les personnes prennent conscience des cordes et veulent les couper, ils se concentrent sur la protection ; cela dit, en entreprenant le chemin d'ascension on agit sur Nous même en premier : reprendre son pouvoir et refuser d'alimenter des programmes de souffrance, des scénarios négatifs du passé.

Couper les cordes, c'est refuser de se prêter aux jeux du Drame.

Dans la 3e et 4e dimension, les individus entretiennent l'illusion de « protection », ils ont besoin de se protéger, car ils se croient vulnérables et vivent dans la peur et la non-confiance.

Mot à nu : La protection

Ancienne Planète (du Larousse)	Nouvelle planète
Action de protéger, de défendre quelqu'un contre un danger, un mal, un risque, préserver quelque chose	Une illusion de séparation. Elle montre comment les individus perçoivent leurs différentes parties intérieures. La protection comme terme implique d'autres mots : peur, attaque, menace, violence, risque, danger, etc. Tous des termes allant à l'encontre de la nature et de la Vie.

Nous n'avons pas besoin de nous protéger du vent, mais de trouver une entente de collaboration pour profiter de ses forces et laisser aller ses excès.

Nous n'avons pas à nous protéger du froid, nous devons le comprendre pour vivre avec, et apprendre à profiter de ses forces et éviter ses excès.

Exercice :

Le terme « protection » a longtemps influencé notre lien avec nous-mêmes et ce qui nous entoure ! Le plus surprenant c'est de trouver ce terme dans des phrases telles que :
Se protéger de soi ! Protection de la faune, de la jeunesse, du consommateur, de l'environnement, de la vie privée, de la maladie...
Tout devient « menacé », l'humain rentre dans un combat incessant...

Changeons ce mot et voyons son effet :

Vivre avec soi, *collaborer* avec la faune, *comprendre* la jeunesse...
À vous :

De quoi souhaitez-vous vous protéger, changer ce mot par « Savoir vivre avec... »

Quel est votre ressenti ?

Les attaques psychiques

Une attaque psychique est en partie causée par notre fausse croyance de faiblesse et vulnérabilité ; dans ce cas, nous donnons notre pouvoir à ce qui est extérieur (à quelqu'un d'autre).
Mais en réalité « Subir une attaque psychique » est un message de rappel pour fermer en quelque sorte les failles de notre aura, causées par de fausses croyances ou perceptions des expériences de la vie.

Les failles et le choix de ne plus briller

Certaines personnes choisissent parfois de baisser leur rayonnement pour être acceptées, comprises, entendues dans un environnement en disharmonie, par manque de confiance ou de repères. Mais cela va à l'encontre du mouvement de la Vie. Ils sont venus sur Terre pour rayonner et pour amener le ciel à la Terre, pas le contraire.
Faire le choix de baisser ses vibrations pour être avec les autres implique de se rendre vulnérable aux autres, c'est leur donner du pouvoir sur sa propre vie.

Cela cause des fractures dans l'aura, des failles dans lesquels les cordes négatives trouvent une entrée et en conséquence peuvent causer : émotions de tristesse, de peur, dépression et maladies... parfois sans en comprendre l'origine.

Il est important de se rappeler que derrière chaque expérience, vous trouverez une leçon.

Les cordes à vibration basse attirent des entités avec le même taux vibratoire, notamment si la personne a contact avec une personne qui véhicule elle-même des entités, ou se rend dans certains milieux où se logent plusieurs entités négatives : hôpitaux, cimetière, etc.

Comment s'en sortir

Assimiler la leçon et comprendre le but des expériences

Dans mon cas par exemple, j'avais laissé créer des cordes à basse vibration avec mon père et une ancienne directrice au travail, j'ai vécu des situations traumatisantes qui avaient toutes un lien avec l'autorité et le « pouvoir ». Après avoir entrepris un travail thérapeutique et spirituel, j'ai compris que ces expériences avaient pour but :

- M'encourager à dire ma vérité,
- Comprendre pourquoi je suis différente,
- Proclamer mes pouvoirs haut et fort et prendre ma place comme Maître,
- Comprendre les souffrances humaines,
- Aider les autres à se libérer des liens toxiques.

Exercice :

Et vous ? Avez-vous des relations tendues ? Des expériences difficiles avec des personnes ?

Quel est le thème central de ces expériences ?

Qu'est-ce qu'elles vous apprennent ?

Renforcer ses Pouvoirs

En prenant conscience et confiance en notre pouvoir, on dit STOP aux scénarios négatifs. On se LIBÈRE du Drame.

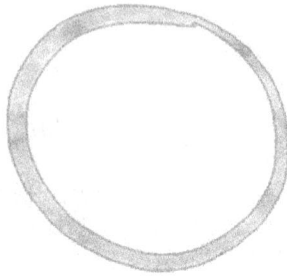

Moment de connexion :

Vous êtes une étoile
Une étincelle dans l'univers comme tous les êtres
Personne n'est inférieur ou supérieur
Chacun a son rôle
Reconnaissez que vous êtres différents
Apprenez à communiquer
À partir du cœur
Libérez-vous de l'illusion de « blessure », de faux et vraie, de bon et mauvais...
Et intégrez la notion d'« expérience »

Élevez vos vibrations

Pour ne plus retomber dans le drame des relations, il est important d'élever ses vibrations et d'élargir sa conscience. Voici quelques suggestions pour vous inspirer :

1. Couper les cordes avec les personnes concernées par un rituel (*notez que c'est l'intention qui compte*), par exemple :

   ➢ Parler avec l'âme de la personne concernée, lui dire Votre vérité, l'informer que vous avez compris la leçon et que vous la laissez partir.

   ➢ Lui écrire une lettre et la brûler

   ➢ Créez votre rituel !

2. Pardonnez, pardonnez, pardonnez : selon moi c'est le meilleur moyen de couper toute corde à basse vibration ! La formule du pardon se fait dans les deux sens...

Pratiquons !

Pensez à une personne que vous souhaitez libérer de votre mémoire, à qui vous aimeriez pardonner et mettez ici votre formule de pardon idéale

- Demandez le pardon en premier... Nous pensons souvent que c'est l'erreur de l'autre. Avec cette formule, il ne s'agit pas de culpabiliser, mais de reconnaître que nous avons une part dans la relation.

- Offrez le pardon...

  Reconnaissez l'humanité de l'autre

- Dites haut et fort ce que cette expérience vous a appris...

- Demandez-vous si vous êtes encore attaché au scénario de Drame

Sinon, laissez-le s'évaporer et faites place à une belle rose beige qui tient une perle à l'intérieur dans votre cœur.

- Ressentez le pardon de tout votre être et ouvrez vos ailes pour la prochaine aventure.

C'est un processus progressif, laissez-le agir tranquillement et refaite cette petite cérémonie dès que vous ressentez le Drame, la colère, le ressentiment revenir...

3. Contacter les unités de consciences pour se Réremplir de son pouvoir : Archanges, Flammes, etc.

4. En activant les centres énergétiques de lumières dormants (appelés chakras) pour augmenter son taux vibratoire et illuminer son corps de cristal[27].

5. En continuant son chemin d'élargissement de conscience par la pratique constante et régulière d'une action/intention qui vous donne la vie : méditation, marche, etc.

Qu'est-ce qui vous rend vivant ?

---

27 Pour en savoir plus: voir le programme sur les chakras sur ouassimagik.com

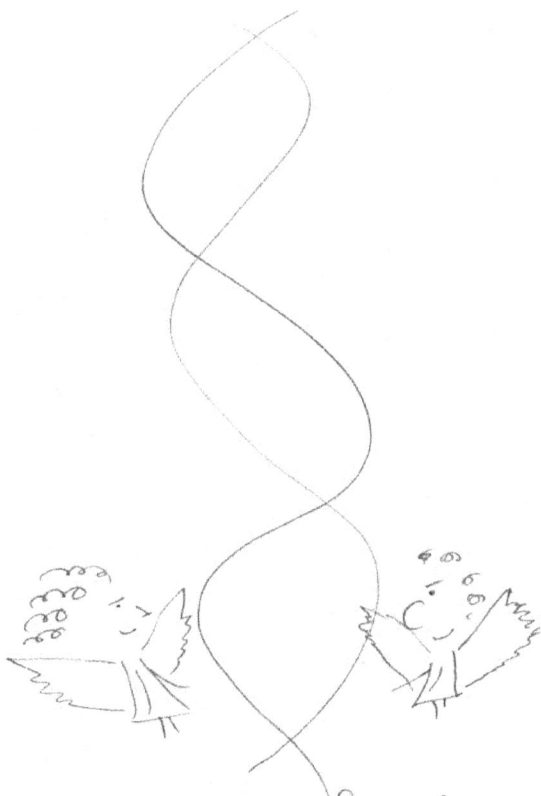

La danse harmonieuse
des âmes

Réconciliation avec ses ennemies : l'argent

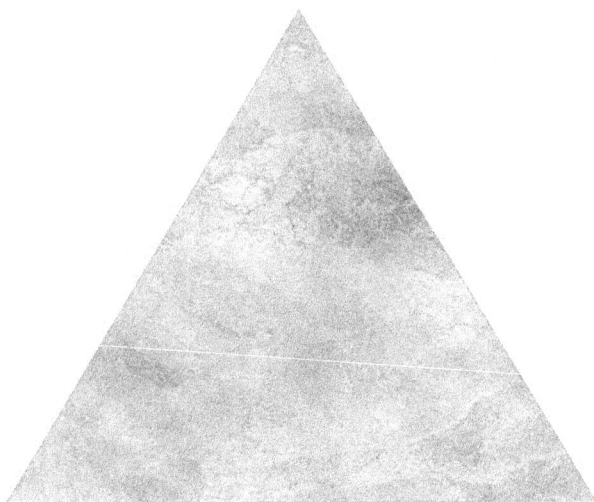

Se réconcilier avec l'argent

Si vous êtes en train de lire ces lignes, c'est que vous avez accepté de changer votre réalité, vous avez le courage de revoir cette vie avec les yeux d'un enfant étoile, qui a la sagesse silencieuse, la pureté de cristal et la mémoire des Ancêtres lumineux.

Il me fallut plusieurs jours de méditation et de connexion avant de coucher ces mots sur papier, car le sujet de l'argent est sensible, délicat et dépasse notre lien avec quelques papiers et pièces de métal dont on dispose à la banque ou dans le portefeuille.

Moment de connexion

Les Ancêtres nous content...
« Le jour où sommes arrivés sur Terre
Nous étions charmés par sa beauté
Ses arbres et fruits
Ses lacs et montagnes
Ses métaux et cristaux...

Non qu'elle ait créé tout de son propre cristal...
Mais qu'elle soit le berceau d'autant de richesses...
D'univers lointains...
Venus à la rencontre pour vivre l'expérience

Telles les retrouvailles des quatre peuples dans la maison de Paix...

Nous n'étions pas habitués aux sens,
Nous avons appris à marcher et parler, à toucher et manger

La beauté de la Terre prenait de l'expansion,
à mesure que nous comprenions sa beauté
Chacun de nous avait une empreinte de son temple initial
Qui lui rappelait son chemin de retour...
Le temps avançait...

Mais l'oubli s'est fait un chemin dans les cœurs des nouveaux Hommes...
La distance est grande... avec le Temple initial

Les voies se sont voilées...

Et les Lumineux ont pris le chemin de retour...

En promettant de revenir sur Terre... quand le temps sonnera...
pour le cœur pur...

Les cœurs des hommes se firent sombres...
Mais une Lanterne à l'intérieur d'eux, ne s'éteint jamais...
Une promesse des Lumineux...

Les Hommes cherchèrent le chemin sur Terre...
Qui leur offrit soutien et réconfort...
Comme une mère indulgente...
Douce et aimante...
Mais ce ne fut qu'une confirmation pour les regards aveugles...
De prolonger arrogance et tyrannie...
Envers leurs semblables... étoiles venues des étoiles...

L'Homme a oublié son union avec l'abondance...

Notre lien avec l'argent n'est que le miroir de notre lien avec l'abondance. Nous avons oublié notre raison d'être, notre lien avec le tout. Nous nous sommes longtemps sentis désunis et séparés.

« Combien ça coûte ? Ce n'est pas cher ! C'est cher ! Il faut que je gagne ma vie ! Que je sauve l'argent ! »
L'argent a pris le dessus sur les rapports entre nous et avec tout ce qui vit. Nous avons mis un prix aux parcelles de terre, aux arbres, à l'air et l'eau… à tout ce qui ne nous appartient pas en réalité…
Nous qui sommes là de passage…
Avec une énorme responsabilité…

Lors du départ…
Laissons-nous la Terre…
Mieux qu'à notre arrivée ?

Se réconcilier avec l'abondance

Pour vous réconcilier avec l'argent, il est capital de réparer votre perception de l'abondance.

Mot à nu : L'abondance

Ancienne Planète (du Larousse)	Nouvelle planète
Grande quantité de quelque chose : L'abondance de la récolte.	Aboutissement, maturité, état naturel de tout élément existant dans l'univers, qui se livre à sa raison d'être suivant un rythme sacré et selon l'intention du Un.
Aisance procurée par des ressources importantes : Vivre dans l'abondance.	Comprendre la Raison de l'abondance : pourquoi cet élément existe, en quoi ça m'aide dans l'exécution de mes mandats, qu'est qu'il m'enseigne…

L'abondance...

C'est un état de grâce et de satisfaction vers lequel on aspire et qu'on mesure parfois par des chiffres et des conditions de vie.

On atteint l'abondance lorsqu'on a « assez » d'objets désiré : argent, voitures, etc. Le « assez » étant une mesure que nous seuls pouvons définir. C'est une limite à laquelle certains veulent arrêter de recevoir.

L'abondance est ce que vous considérez comme tel.

Ce mode de pensée nous conduit à projeter son bonheur dans l'avenir : « Je serai riche quand ? ».

C'est la poursuite d'une image de bonheur conceptuelle, théorique, mentale et parfois déconnectée du cœur.

> *« J'ai toujours souhaité être médecin, mais maintenant que j'exerce, je me rends compte que ce n'est pas ce que je veux ! »*
> *« Je voulais toujours avoir une grande maison, mais maintenant que je l'ai, je ne me sens pas heureux, et je dois payer les dettes en plus... »*

Si l'abondance est un aboutissement, maturité, état naturel de tout élément existant dans l'univers. L'abondance existe déjà *naturellement* en vous, autour de vous, ici et maintenant. Il Vous appartient de la reconnaître.

Voyez ici et maintenant l'abondance autour de vous...

Il vous appartient de comprendre « sa raison d'être » pour suivre harmonieusement son « rythme sacré » et atteindre le Un, l'état naturel de bien-être et de grâce.

Si vous ne ressentez pas cet état, il est temps de vous demander :
Reconnaissez — vous l'abondance ? Suivez-vous son rythme ?

Alice est une artiste innée, elle a un don pour le dessin et l'illustration, mais a décidé de suivre des études en comptabilité, elle finit ses études et chercha du travail, elle cumula emploi après emploi avec des conflits professionnels et une estime de soi de plus en plus à terre, jusqu'à ce qu'elle eut un Burnout qui l'obligea à tout arrêter, elle profita de ce temps pour se requestionner sur sa raison d'être et ce qu'elle veut réellement. Elle reprit les crayons, son art fleurit à nouveau et son état s'améliora. Elle se rendit compte qu'elle avait longtemps négligé l'abondance de son être, de son art. Ce qui a causé la disharmonie dans sa vie.

Accepter l'abondance

Je vous ai suggéré de regarder et observer l'abondance, mais êtes-vous prêts à l'accepter et l'accueillir ?

Moment de connexion

Dans l'ancienne planète, l'abondance doit se mériter par le travail, le sacrifice, l'héritage et le sang...
Si on reçoit l'abondance d'un de nos semblables...
Avec doute, on murmure...
"Qu'est-ce qu'il me veut ?
Est-ce 'normal' qu'il me donne... gratuitement ?"

Et lorsqu'on cueille l'abondance de ses propres mains...
Avec culpabilité on murmure...
"Suis-je digne ? L'ai-je mérité ?"
Ou avec peur, on se plaint...
"Que ferai-je demain ? Vais-je en avoir assez ? Et si un malheur arrive ? Et mes enfants ?"
Et avec suspicion, on chuchote...
"Cache, préserve, les autres jalousent et envient..."

Accepter l'abondance, c'est accepter ces fragments de soi. Reconnaissez-les, ayez une discussion honnête avec chacun d'eux. Trouvez une réconciliation...

189

Moment de connexion
De Maître à Maître

Suis-je digne ? Tu es une étoile qui vaut des millions d'étoiles, et quand l'Univers a voulu rétablir l'harmonie sur Terre, il t'a créé.

Demande-toi : qu'est-ce qui te rend digne de cette abondance ?

Si la réponse ne te satisfait pas... rends-toi digne de la recevoir et la libérer.

C'est à toi de te sentir digne de recevoir et d'utiliser l'abondance...

Tu es un intermédiaire qui tient l'abondance pour un temps donné et pour un objectif précis.

Tu dois continuer le cycle de la Vie et remettre ce "dépôt/abondance" au Un... manifesté.

"Votre vie, vous l'avez tous gagnée à la naissance ! C'est fait une fois pour toutes, jusqu'à votre dernier souffle... Donc, vous allez être rémunéré pour différentes

activités (…) rien de plus, rien de moins."Christian Junod[28]

Cache, préserve...

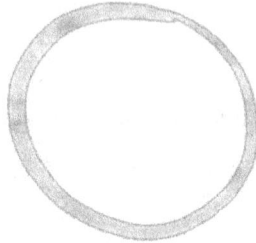

Moment de connexion

Relie-toi au Un, retrouve ta magie, aie confiance en ta capacité à t'adapter en toutes circonstances, souviens-toi que tu es une note de musique parmi tant d'autres, chacune vibre selon une mélodie mystique.

Travaille comme si c'est ton dernier jour avant le départ,
Sois dans le moment présent et laisse venir à toi…

N'agis plus en esclave, mais sois un Maître
Maîtrise Tes énergies et insère-toi à la mélodie,
Pour que les autres Notes te transmettent
Connaissances et dons

Le lendemain
tu transmettras à ton tour
Dons et connaissances
Aux autres notes

---

28 Christian Junod, Ce que l'argent dit de vous, Groupe Eyrolles. 2016.

Cacher ou montrer ?

Désormais, nous devons briller et dire notre vérité sans peur.
Cela dit, même si vous avez évolué et avancé sur votre route,
ce n'est pas le cas pour plusieurs d'entre nous.
Nous ne sommes pas arrivés, tous ,encore dans la Nouvelle
Planète et le processus de guérison continue selon le choix de
chaque âme. Il est donc important de préserver ses idées et ses
projets pour garder leur intention pure et leur énergie fluide.

*Nous ne sommes plus dans le "Caché", mais
dans la "préservation de la pureté de
l'intention".*

Le partage peut se faire avec ses semblables par l'énergie et
l'objectif. Cela enrichira les projets et préviendra les dérives ou
les obstacles.

Comment honorer l'abondance ?

- Justement, par la partager
- La célébrer
- L'utiliser pour son propre bien et celui des autres
- Être dans le moment présent
- Contester les principes de la société dans laquelle vous vivez
- Etc.

À vous, qu'avez-vous choisi de faire pour honorer
l'abondance dans votre vie ?

Moment de connexion :

Nous sommes énergie
Et l'énergie est facilement influençable
Gardons notre lien avec la source
Le soleil central...

Réconciliation avec ses ennemies : Réseaux sociaux

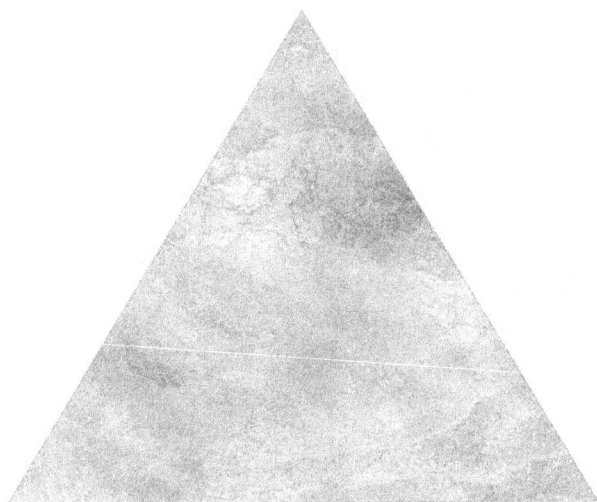

Se réconcilier avec les Réseaux sociaux : d'esclave en Maître

Les réseaux sociaux sont partout. Tous les visages sont rivés sur leurs cellulaires ou écrans. Ces objets sont entrés dans nos vies à la fin du vingtième siècle et les ont complètement transformés.

> *Les Réseaux sociaux ont révolutionné les relations humaines.*

Désormais :

- On a accès à des personnes, au bout du monde, qui ont les mêmes intérêts que nous.

- On a des nouvelles en « live » sur le « fil des nouvelles » : on sait ce qui se passe même si on ne regarde plus la télévision.

- On garde contact avec des amis qu'on ne voit plus dans la vie « réelle ».

- On apprend tous les jours quelque chose de nouveau qui peut nous servir dans notre quotidien.

- On forme des groupes de partage pour apprendre, pour vendre, pour échanger sur différents sujets et on peut cultiver de vraies amitiés.

- Si on utilise les réseaux sociaux pour notre vie professionnelle, on se fait connaître, on présente nos services et produits à des personnes réellement intéressées.

Cela dit, avec les réseaux sociaux, nous devenons esclaves d'un système qui se nourrit de nous : photos, publications, nouvelles, argent, attention et énergie vitale.
Nous donnons tellement d'énergie de façon bénévole, au profit de grandes compagnies. Le retour en énergie, motivation,

idées, amour, approbation est faible en comparaison de ce que nous offrons.

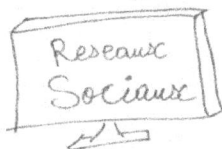

Le revers de la médaille : L'esclavage

Même si l'utilisation des réseaux sociaux est gratuite, ils ont pour but premier d'être lucratifs. Tous les moyens sont bons pour amasser le plus d'argent et de manière, parfois, les moins honnêtes.

La dépendance

Les applications de réseaux sociaux ont le même fonctionnement que les Casinos de Las Vegas. Les ingénieurs des réseaux sociaux utilisent la même stratégie que les jeux de hasard dans les casinos ; l'objectif est de rendre l'utilisateur que vous êtes, le plus *dépendant* possible, en lui prenant le plus d'attention et le plus de temps possible de sa journée.

Prenez quelques instants et observez-vous : avez-vous remarqué combien de fois vous regardez votre cellulaire ? Une façon simple de constater l'effet des réseaux sociaux est d'imaginer votre semaine sans cellulaire.
Avez-vous ressenti un grand cri : NON ! le stress et l'angoisse de rester sans cellulaire ? Si oui, alors vous êtes totalement dépendant !

Ancienne planète (Source : Larousse)	Nouvelle planète
Assujettissement à une drogue, à une substance toxicomanogène, se manifestant lors de la suppression de cette dernière par un ensemble de troubles physiques et/ou psychiques.	C'est un malaise, une fuite en avant de son image, ses émotions et son vécu. La dépendance est un symptôme de blessures non guéries, une inconscience de sa douleur profonde. Dépendance=inconscience du moment. Dépendance=cri du cœur, l'humain veut s'en sortir, ressentir la joie et le bonheur, mais ne trouve pas encore le meilleur moyen de le faire.

Le besoin réel est de trouver le bonheur et l'harmonie, mais l'individu ne trouve pas de façons bénéfiques de satisfaire ce besoin. Donc, il utilise des moyens tordus, mais faciles pour atteindre facilement cet état de bien-être.

L'objet dont on dépend procure un sentiment de bien-être momentané qui pousse à toujours vouloir y revenir.

À long terme, cette dépendance cause plusieurs effets secondaires néfastes.

La dépendance aux Réseaux sociaux a plusieurs effets secondaires [29] :

- Anxiété

- Dépression

- Sentiment de manque de connexion

- Éviter les vrais problèmes

- Sentiments d'infériorité

---

29 The dangers of social media on our mental health :

https://www2.viu.ca/humanresources/documents/DangersofSocialMediaonYourMentalHealthQ12017.pdf

- Manque de sommeil (surtout, si vous restez branchez avant de dormir)

- Manque d'énergie, perte de temps, ce qui empêche les personnes de se concentrer sur ce qui est important dans leur vie.

- Devenir programmé à avoir une attention fragmentée ce qui réduit considérablement la concentration et l'efficacité au travail.

Allons plus loin et analysons certains effets secondaires :

La baisse d'attention, un Grand effet secondaire

Observons !

Avez-vous remarqué votre concentration ces dernières années ?
Arrivez-vous à vous mettre pendant une heure ou deux sur un livre, un film, un projet, sans prendre votre cellulaire après 10 ou 15 minutes ?

Plusieurs chercheurs se sont penchés sur cet aspect et ont constaté que l'utilisation des réseaux sociaux détériore la concentration et cause d'autres symptômes reliés au trouble déficitaire de l'attention avec hyperactivité (TDAH)[30].

La comparaison

Dans les réseaux sociaux, on montre des images qui sont parfois bien loin de la réalité, mais ces images activent certaines émotions chez les individus qui les regardent telles que la jalousie, l'envie, la colère, la culpabilité, et tout cela à cause de

---

30 The dangers of social media on our mental health :

https://www2.viu.ca/humanresources/documents/DangersofSocialMediaonYourMentalHealthQ12017.pdf la comparaison : il a une maison plus grande, il est plus riche, elle voyage partout, elle a l'air heureuse, ça marche bien pour elle, mais pas pour moi ! Il est plus aimé, illuminé !

Observons

La comparaison diminue l'estime de soi, cause des troubles alimentaires et nous fait vivre jalousie, envie, culpabilité et colère, etc.[31]
Prêtez une attention particulière à ces émotions en vous...

Dialoguez avec la comparaison et demandez-lui : quel est ton vrai message ?

Quel est mon réel besoin derrière cette comparaison ?

Quelle est ma perception du vrai bonheur ?

---

31 Facebook And Mental Health: Is Social Media Hurting Or Helping?

https://www.mentalhelp.net/articles/facebook-and-mental-health-is-social-media-hurting-or-helping/

Aime-moi !

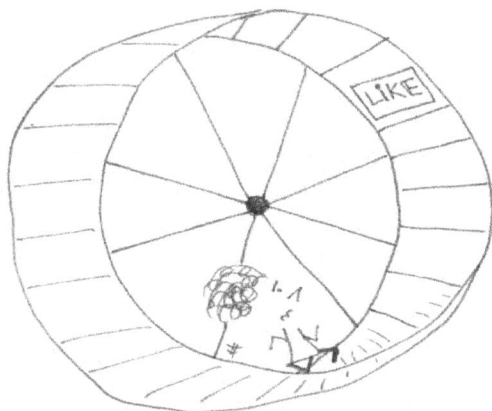

Un des plus dangereux pièges créés par les réseaux sociaux est le bouton « like » ou « Aime-moi ».
Ce bouton a créé le symptôme d'« attention partielle continue » chez les utilisateurs, c'est-à-dire qu'ils sont incapables de se concentrer[32].
Il a aussi encouragé la propagation de fausses nouvelles.
Mais le piège le plus néfaste de ce bouton est : la dépendance d'être « aimé » « Liké » sur une photo, une publication, un produit !
Nous avons rattaché ce bouton avec la « reconnaissance et l'amour » des autres[33]. Effectivement, un de nos plus grands besoins comme humain est d'être aimé, apprécié et reconnu dans sa vie et à travers ses créations.

C'est une dépendance à un « faux » amour, car l'amour est beaucoup plus profond qu'un

---

32 https://fr.timesofisrael.com/les-createurs-du-bouton-jaime-de-facebook-naiment-plus-leur-idee/

33 http://www.bbc.com/future/story/20180104-is-social-media-bad-for-you-the-evidence-and-the-unknowns

bouton « Like » ou « Aime ».
Je suis « aimée » donc j'existe !

Être en attente

Nous avons tous des occupations quotidiennes, des projets de vie, des personnes à aimer et chérir, d'autres à aider...
Rester collé aux Réseaux sociaux nous en détourne complètement, nous le savons probablement, mais qu'est-ce qui nous attire, qu'est-ce qui nous pousse à y retourner de façon régulière ?

Parmi les raisons on retrouve la démotivation, l'éparpillement mental et :

« l'attente que quelque chose d'intéressant arrive »... en permanence et la « peur de rater quelque chose » !

Quand vous êtes « connecté » aux réseaux sociaux, vous sortez du moment présent et vous développez une attitude d'attente de quelque chose intéressant *extérieur*. Cela parle aussi de votre besoin de trouver quelque chose de plus intéressant, captivant dans votre vie quotidienne, vous devez retrouver le plaisir ! Et il est important de se pencher dessus.

Avec la « peur de rater quelque chose »[34], on est sur le vif, stimulé en permanence ce qui draine totalement l'énergie vitale.

---

34 En anglais on utilise désormais l'expression «FOMO»: Fear of missing out, en français: peur de rater.

Et côté Business ?

Vous avez une passion ? Des produits à vendre ? Des services innovants ? Les réseaux sociaux sont l'endroit rêvé pour les partager.
Pour être vu et connu et ne pas tomber dans « l'oubli » :

- Vous « devez » réagir rapidement aux « likes » et « commentaires »,
- Vous devez poster des publications en continu pour correspondre aux critères algorithmiques des réseaux sociaux,
- Cela implique beaucoup de temps, d'engagement et même de l'argent, et ce, sans un effet direct immédiat ou concret.

> *"... il n'en reste pas moins que F---[35] cherche à augmenter ses revenus grâce à la publicité. En coupant presque en deux la portée organique des publications des pages, le réseau social oblige les entreprises et les marques, peu importe leur grandeur et leur but, à piger dans leur poche pour rejoindre un nombre appréciable de personnes »[36]*
> *Source : Isarta.*

Quelle perte d'énergie !

Je vois les Réseaux sociaux comme de grands monstres et bouffeurs d'énergie, car j'ai expérimenté l'effet :

- De rester connectée VS ne pas avoir de connexion pendant la journée !
- Démarrer sa journée dans la connexion divine VS connexion digitale.

---

35 Un grand réseau social
36 https://isarta.com/infos/?p=13655

Lorsque nous sommes connectés, nous ouvrons la porte de notre champ énergétique ; c'est comme si nous laissons les portes et fenêtres de notre maison ouvertes en permanence, ou que vous avez une personne vient vous sonner à la porte chaque 5 secondes[37]!

Maintenant qu'on a vu de façon globale l'impact des Réseaux sociaux en positif ou négatif, **devons-nous rejeter les Réseaux sociaux ?**
Non, je crois que nous pouvons transformer notre lien avec eux et voici quelques pistes pour le faire :

Comment redevenir Maître ?

Les réseaux sociaux sont un terrain d'expérimentation en soi, qui nous apprend à devenir Maître et à agir avec discernement pour trouver l'équilibre.

Notre rôle est d'être de plus en plus conscients de notre rôle comme CoCréateur et d'utiliser ce qui est à notre disposition, durant cette expérience, avec *équilibre* et tout en gardant NOTRE pouvoir sur notre temps et notre énergie.

Demandez-vous si vous gérez les réseaux sociaux en ce moment ou si c'est eux qui vous gèrent ?

Que voulez-vous ?

Pour utiliser les Réseaux sociaux, il est important de définir une intention.

---

37 messageries et les notifications

*Un objectif clair donne une direction précise
à l'énergie.*

Il y a de multiples raisons qui nous poussent vers les Réseaux sociaux en premier, voici quelques exemples :

- Rester informé, ne pas avoir l'impression de rater quelque chose. Puisez plus loin pour voir quelle est l'essence de cette peur FOMO...

- Rester connecté pour se sentir vivant, faisant partie du groupe : avez-vous besoin d'appartenance et de reconnaissance ?

- Besoin d'être vu et reconnu pour présenter ce que vous faites ou pour vendre.

- Besoin d'oublier votre quotidien : ennuyeux, fatigant, ou parfois douloureux, dans le cas de souffrance émotionnelle ou de maladie physique par exemple.

- Lutter contre la solitude.

Exercice

Je travaille de façon autonome et que je rencontre des individus individuellement durant la journée, je me sens donc parfois « coupée du monde ». De plus, j'ai besoin de sortir de mon univers de travail pour changer d'air. Les Réseaux sociaux me permettent de faire ça. En plus, je retrouve des personnes qui ont les mêmes intérêts que moi.

À vous :
Soyez honnête avec vous-même et identifiez votre besoin et votre intention.

Aussitôt que vous avez identifié vos besoins, voyez si les réseaux sociaux agissent comme un pansement temporaire.

À ce moment-là, penchez-vous là-dessus, seul ou avec un thérapeute, pour trouver la Vraie Solution à votre besoin ou objectif.

Moment de vérité : qu'est-ce que ça m'apporte ?

On a parlé plus haut des besoins, mais qu'en est-il de la réalité ? Est-ce que les réseaux sociaux aident à satisfaire vos besoins et réaliser vos objectifs réellement ?

- « Je veux rester informé », « Je veux en apprendre plus sur la spiritualité » : êtes-vous vraiment informé ? En quoi ces informations vous sont-elles utiles ?
- « J'ai besoin de faire partie du groupe, j'ai besoin qu'on me reconnaisse » : sur quoi cette reconnaissance se base, sur ce que vous faites ? Sur ce que vous êtes réellement ?
- « Je veux faire connaitre mes produits et services ».

Dans mon cas, 85 % de mes clients viennent du bouche-à-oreille ou m'ont rencontrée personnellement à une conférence ou un atelier. Donc, les réseaux sociaux ne sont pas réellement la source d'Abondance ! *C'est Moi, ce que je dégage, ce que je pense, mes vibrations… qui sont la source de l'abondance.*
À vous…

Les limites

En identifiant vos priorités (de la journée, de la semaine, de l'année, de la vie), vous serez amené à choisir consciemment vos actions, et à être responsable du temps et de l'énergie disponible pour créer ce pour quoi vous êtes là. Alors posez-vous ces questions :

- Quelle est votre mission ? Vos mandats ?
- Qu'avez-vous vraiment envie de faire aujourd'hui ?
- Qu'est-ce qui est à faire aujourd'hui et qui ne peut pas attendre ?

Nos priorités incluent aussi le « bien-être » : bien manger, faire du sport, rencontrer des amis, être avec son amoureux, voir la famille, nourrir l'âme en méditant, être en présence, cultiver une passion, apprendre, lire, jardiner, etc [38].

Combien de temps passez-vous sur les réseaux sociaux ?
Voici une autre image qui me vient pour vous illustrer ce temps : imaginez que vous versez de l'eau dans le sable, vous ne saurez jamais combien d'eau vous avez perdue ! Or, si vous versez de l'eau dans un récipient, vous verrez exactement la quantité perdue. Même chose avec le temps !
En mettant une limite temporelle à l'utilisation des Réseaux sociaux, vous épargnez du temps et de l'énergie et vous les consacrez à vos mandats sur Terre.

Mettez vos priorités pour la journée en premier et ensuite, décidez du temps que vous octroyez aux Réseaux sociaux. Privilégiez un bloc horaire plutôt que des minutes par-ci, par-là, car les minutes fragmentent votre attention et concentration et elles peuvent se transformer en demi-heures ou des heures entières !

Enlevez les sollicitations et notifications inutiles

Les notifications sont des indications sonores et visuelles qui vous annoncent que vous avez du nouveau contenu sur les réseaux sociaux. Elles sont aussi une nuisance sonore et visuelle, et dans la majorité des cas agissent comme des

---

38 Voir le Journal Mystic

perturbateurs et des distracteurs de ce qui est vraiment important.

Pour les désactiver, vous devez adresser honnêtement le sentiment d'urgence que vous avez cultivé à cause des Réseaux sociaux et apprendre à apprécier votre déconnexion, le silence des cellulaires, et la liberté que vous en gagnerez.

Mise en pratique

Vous pouvez les désactiver pour qu'ils ne s'affichent plus comme une alarme distrayante à chaque moment, cela ne les effacera pas et vous pouvez retrouver les « Nouvelles » lorsque vous « entrez » dans l'application[39].

Aviser les gens

On tient pour acquis que tout le monde est branché aux réseaux sociaux. La réalité est tout autre !

Certains ne sont connectés sur aucun compte des réseaux sociaux et d'autres n'ont même pas de cellulaire ! Eh oui, ils vivent parmi nous. ;)

Certains n'ont pas de forfait internet sur leur cellulaire et ne se connectent qu'à la maison ou un café, j'en fais partie.

Si c'est votre cas, il est important d'aviser les personnes de votre « état et fréquence de connexion » afin de maintenir des liens harmonieux et paisibles et éviter les malentendus.

---

39 Voici comment faire pour Facebook https://www.facebook.com/help/messenger-app/330627630326605?helpref=topq

Et voici comment le faire pour d'autres applications : https://fr.wikihow.com/activer-ou-désactiver-les-notifications-d%27Instagram

Et si vous éteignez le Wifi ?

C'est toujours intéressant de voir ce qu'on peut faire quand on est dans un endroit où le Wifi n'est pas accessible !
Passé les premiers instants de colère et de déception, on relève les yeux et on commence à regarder les gens et objets autour de nous, comme un enfant qui redécouvre quelque chose de nouveau.

On retrouve peut-être d'anciens jeux, livres, magazines, et on pourrait être tenté de reprendre le collage, le dessin, le jardinage, la danse ou le chant… !
On reprend contact avec la réalité et on se rend compte qu'il y a plein de choses à régler, ou peut-être on constatera l'ennui mortel dans lequel on vit… on sera face à notre miroir.

Je veux être accessible

Si jamais vous avez des obligations professionnelles, vous souhaitez faire connaitre votre passion ou vos produits par exemple et que les réseaux sociaux ne vous intéressent pas, il existe une multitude d'autres moyens pour réaliser votre objectif. Osez être créatif et rappelez-vous que vous êtes le *Cœur de votre travail*, vous êtes la Source de l'abondance.

Réconciliation avec ses

ennemies : Découvrir

Se réconcilier avec le plaisir de se découvrir

Un voyage, un changement

Après un voyage, j'ai toujours besoin d'une période de réadaptation à cause du décalage horaire, mais aussi à cause des changements énergétiques et spirituels qui surviennent en moi.

Ce processus d'adaptation est une transition à une nouvelle moi, ou *un rappel du vrai moi*, mais il nécessite une transition. Donc, au retour de chaque voyage, je passe par des eaux troubles : je me remets en question et je tente de me redéfinir.

> *Pour quoi ? Qui suis-je ? Qu'est-ce que je vais faire maintenant ? Je veux repartir, etc.*

Cette période de transition n'est pas agréable pour ma famille, je vous l'assure. Or, pour moi, c'est une étape importante qui prépare ma terre intérieure à cultiver de nouvelles graines.

Les voyages permettent de se retrouver loin des habitudes et des distractions. On passe ainsi plus de temps avec soi. Ce qui permet aussi d'identifier les mécanismes dysfonctionnels et, si on le fait avec conscience, de les remplacer avec succès... probablement avec des larmes, des soupirs et des moments de soulagement aussi !

Apprenez à avoir ces moments avec vous-même pour vous découvrir. Vous vous permettez d'être nu à l'intérieur, vous vous donnez l'autorisation de vous métamorphoser...

Moment de connexion

N'ayez plus peur de vous-même
Magiciens, traversez votre miroir avec courage
Découvrez avec plaisir votre profonde réalité...
Traversez le désert... et vous trouverez l'oasis...

Donnez-vous la permission de VIVRE votre MANDAT.
Personne ne peut vous donner cette permission, cher magicien
Vous l'avez enlevé à vous-même, alors, rétablissez-la vous-même.

Appréciez d'être uni à l'intérieur, sans jugement ou critique...
Avez-vous peur du vide ?

S'il existe, explorez-le
Avec courage...

L'ascension et l'ancrage

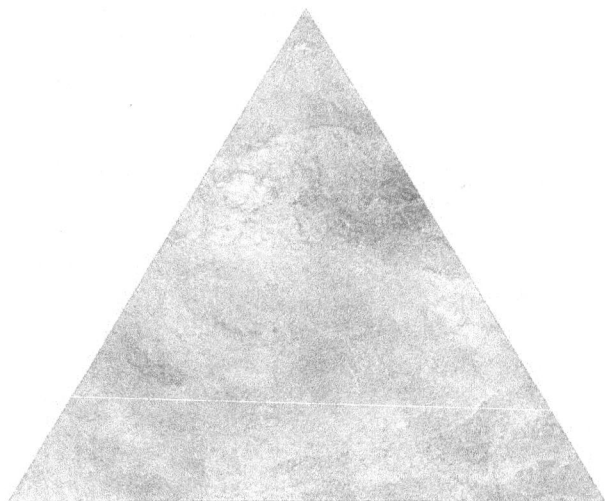

Dans le milieu spirituel, lorsqu'on parle d'ancrage, on pense systématiquement à l'enracinement à la Terre Mère comme les racines des arbres. Mais saviez-vous qu'il y a une multitude d'autres façons de s'enraciner ?

Mot à nu : L'enracinement

Selon le Larousse : Faire prendre racine à une plante, à un arbre.
Dans le milieu spirituel, ce terme désigne le fait de :

- S'incarner totalement dans la matière,
- Être dans le moment présent,
- Avoir les pieds solides, la tête sur les épaules,
- Être conscient de ce qui nous entoure concrètement.

Dans cette expérience d'ascension, nous devenons de plus en plus connectés à des royaumes à vibrations élevées, ce qui nous amène dans un premier temps à faire des voyages cosmiques « en dehors du corps physique ». Effectivement, le corps physique est, dans le premier stade d'ascension, à très grande densité. Certains parlent de « corps de carbone », ce qui nous empêche de l'emmener faire des voyages vers les hautes sphères.

Ces voyages changent notre perception de la réalité, la conscience s'élargit et on découvre l'immensité, l'infini. Par contre, certains voiles de « séparation » demeurent, ce qui laisse croire que ce monde/infini/nouvel univers est à l'extérieur de nous.
D'un côté positif, ces voyages nous ouvrent les yeux sur notre aspect multidimensionnel, mais, d'un autre côté, si leur sens n'est pas compris, ils contribuent à la fragmentation de l'être.

Vous l'avez compris, l'ascension est un chemin de réconciliation intérieure, car même si nous employons encore ce mot : « extérieur », nous savons qu'il n'existe pas comme tel.

De l'extérieur à l'intérieur

L'enracinement à la Terre Mère est un acte tourné vers l'extérieur, or l'ancrage doit commencer par soi.

Moment de connexion

Nous sommes l'univers.

La Terre est en nous, regardez vos mains, vos pieds, votre visage.
Les autres étoiles… sont là, en nous…

S'enraciner à la Terre seulement, revient à ignorer toutes les autres parties qui nous forment[40].
Désormais, vous savez que vous êtes multidimensionnel, Multiversel.

L'enracinement est un acte.
L'enracinement est une prise de conscience
de notre multiversité.
L'enracinement est une volonté de
« Rassembler » ses fragments pour se
« reconstituer », et enfin, s'ancrer selon son
« intention » de Maître.

---

40 Des recherches scientifiques étudient l'origine des métaux sur Terre, par exemple: le Fer est d'origine météorite, l'Or provient de l'explosion d'étoile et du Grand Bombardement Tardif. Voir https://science.nasa.gov/origin-gold et https://sciencing.com/origin-iron-5371252.html

Reprenons contact en développant un lien harmonieux avec toutes les parties de nous-même : notre corps physique, notre souffle, notre cœur, nos émotions, nos Mandats, etc. On n'a plus aucune raison d'être désancré ou de fuite de soi dans le moment présent.

L'ascension nous amène vers l'amour, la paix et la joie de chaque moment présent.

Pour s'enraciner, on doit arrêter de projeter son bonheur, son ancrage, sa Maîtrise sur d'autres Unités de conscience et aimer sa vie, ici et maintenant.

L'ancrage est Notre responsabilité.

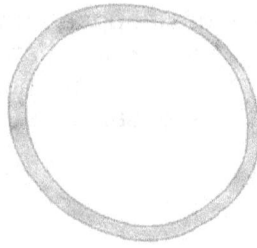

Moment de connexion :

Ce chemin de réconciliation n'est certainement pas simple ou court, car, il vous renvoie à Votre vérité. Celle qui est la plus claire et pure. Soyez donc patient et indulgent avec vous-même, et faites attention au sommeil de conscience qui peut vous guetter...

En attendant...

En attendant le moment d'Union, nous pouvons utiliser les outils qui sont à notre disposition, en prenant en compte que ce ne sont que des appuis temporaires...

Plusieurs modes

Nous sommes un ensemble d'êtres Étoiles qui viennent de différentes dimensions et qui se retrouvent sur cette planète. Nous sommes donc d'origine *différente* et nous avons besoin chacun de techniques d'ancrage *différentes.*

> *L'ancrage dépend en premier de l'origine de l'être, de l'histoire de son âme, et de ses Valeurs/Essences.*

Certaines âmes se connectent mieux en faisant appel à la conscience des arbres, à l'esprit des roches ou des montagnes ; d'autres feront appel aux Grilles de lumières terrestres, aux Étoiles de leurs origines, ou aux êtres ascensionnés.

> *Ne vous enfermez pas dans Une façon de faire, mais essayez plusieurs façons jusqu'à trouver la Meilleure pour Vous.*

S'enraciner à son corps physique

Temple et partenaire de notre incarnation, il est constitué de différents métaux et matières, ce qui le rend un des organismes les plus riches sur Terre. S'enraciner à son corps, c'est le reconnaître à travers les différents cycles et vivre en collaborant avec lui. Il n'est pas une entité séparée ou extérieure, c'est Nous. Le mouvement, la danse, la méditation, le souffle, la marche sont toutes des activités qui aident à s'ancrer à son corps physique lorsqu'elles sont faites en conscience et en présence.

Être en présence, c'est « choisir » la portée de son intention.

Se libérer des traumas

Toute grande émotion telle que la douleur et la peur nous poussent à fuir dans un autre plan de conscience pour éviter la souffrance. La fuite est aussi causée par l'incapacité du corps physique et mental à digérer l'émotion dans l'instant. Ces fuites causent des fractures dans notre réalité[41] qu'il faut réparer pour trouver une harmonie et intégration intérieure.

Quelques voies pour réparer ces fractures et ne plus avoir le besoin de fuir : les soins énergétiques[42] et thérapeutiques, comprendre le rôle des émotions, comprendre le sens des évènements, etc.

---

41 Ce que les chamans appellent: fragments d'âmes

42 Incluant les soins chamaniques

L'ascension et la démotivation

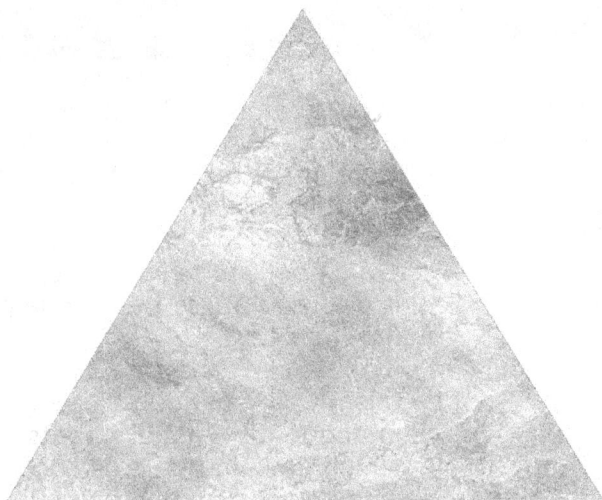

Lorsque vous entreprenez ce voyage de transformation, il est possible que vous soyez découragés, impatients, fatigués et accablés par tout ce que vous apprenez et découvrez !

Pourtant, ces moments font partie aussi du voyage. Ils sont des moments privilégiés pour remettre ses pendules à l'heure !

Mot à nu : La démotivation

Ancienne planète (du Larousse)	Nouvelle Planète
Perdre toute motivation, toute raison de poursuivre un travail, une revendication, etc. (définition Larousse)	La démotivation est une perte d'intérêt pour ce qu'on fait d'habitude, une perte d'énergie, une fatigue cérébrale, une attitude de détachement. Nous ne voulons avancer ou agir. C'est l'incapacité d'utiliser ses ressources (d'avant) pour fonctionner. La voiture ne veut plus démarrer, mais on la pousse quand même ! La raison : Un manque d'énergie vitale, la vie manque dans les différents corps. C'est le besoin de l'âme de créer de nouveaux circuits pour que la rivière de lumière coule plus naturellement.

Quand ?

La démotivation peut être passagère : lors de changement de saisons, en hiver par exemple, notre corps ralentit, notre énergie baisse et on ressent le besoin de se retrouver à l'intérieur tel un Ours qui retourne à sa caverne pour recharger ses batteries.
Elle peut aussi s'étaler dans le temps et influencer de façon importante plusieurs aspects de la vie comme le travail et la famille. À ce moment-là, il est important de chercher de l'aide

pour comprendre la cause du découragement et trouver des solutions ; afin de laisser l'énergie vitale circuler.

La démotivation au travail :

- C'est possible que vous atteigniez votre quota de patience si l'environnement est négatif et que les relations professionnelles ne s'arrangent pas,
- Le travail ne vous stimule plus, les tâches se répètent.
- « On ne me reconnait pas. »
- « Je me suis trop donné, et je n'ai plus de jus. »

En santé : « Je souffre de la même maladie, et ça n'avance pas. »
En couple : « Ça n'avance pas, il ne me comprend pas », « c'est toujours moi qui donne », c'est « toujours de ma faute. »
En spiritualité : « je lis toujours la même affaire ! j'ai l'impression de ne pas avancer. »

L'alliénation

Quels sont les symptômes ?

Il y en a plusieurs, mais de façon générale, on retrouve :

- Fatigue, sentiment de lourdeur, confusion

- Perte d'énergie
- Les tâches « à faire » s'empilent
- Perte d'appétit
- Désir de dormir tout le temps
- Isolement/solitude
- Irritabilité
- Sentiment de détresse

La démotivation : un signal d'ascension

La démotivation est un appel à un changement urgent d'état d'être ou de pensées.
Peu importe si la démotivation est passagère ou durable, elle nous livre un message important : se rappeler son Essence, revenir à l'harmonie et à l'équilibre.

À vous :

Lorsque vous êtes démotivé, ne vous rejetez pas, ne vous jugez pas, simplement accueillez cet état. Discutez avec cette démotivation en quelque sorte, tel un ami, et demandez-lui ses messages.

La démotivation nous montre parfois nos besoins les plus profonds, ceux qu'on a longtemps négligés.

Quelques messages de la démotivation

- Sortir de la boîte de la routine, des boîtes de conditionnement, de robotisation :
  - ➢ Changer de travail
  - ➢ Trouver une nouvelle voie
  - ➢ Demander de nouvelles responsabilités
  - ➢ Considérer son travail autrement et lui donner un sens ! lui donner de la VIE !

- Guérir les malaises et se libérer de la souffrance[43]
  - ➢ Vous n'avez plus à faire les choses pour être reconnu, aimé et réussir ! Maintenant, on sait ce qu'on vaut et on l'assume !
  - ➢ Ne pas être compris ou entendu : assez de dire les choses à mi-voix. Maintenant, il est de temps de s'afficher, de dire sa Vérité et être intègre, changez d'environnement s'il le faut !

- Vivre dans le moment présent et sortir du conditionnement du temps : avez-vous investi tout votre temps et énergie pour un résultat accès sur l'avenir ? Promotion, préparation d'un mariage, déménagement ? Dans ce cas-là, vous vivez dans l'avenir, vous avez oublié le moment présent. Vous oubliez d'avoir du plaisir, de nourrir votre âme.

- Écoutez votre cœur : de quoi avez-vous réellement envie ? Avez-vous donné le pouvoir au seul Grand Boss (le masculin en vous) qui sait tout ? Vous vous trouvez face au mur alors, si vous ne savez pas ce que vous voulez, il est temps d'arrêter et de se reposer pour être à l'écoute... de son cœur.

---

43 Voir section: Se réconcilier avec la douleur et la souffrance

Vous ne pouvez trouver des réponses si vous n'êtes pas en capacité de les mettre en action. Tempérez votre impatience.

- Mettez-vous en action ! Eh oui, la démotivation est parfois un système de fuite face à ses Responsabilités d'Âme (par manque de confiance ou de courage). Dans ce cas, le mieux c'est de foncer en quelque sorte tête en avant... et ça marche ! La motivation revient tout de suite dès que la première barrière est franchie. C'est une bonne façon d'assumer sa responsabilité comme Créateur et détruire des murs de peurs et de pensées limitantes.

- Remettez le plaisir au centre de votre vie. Oui à la responsabilité, mais pas tout le temps ! C'est épuisant à long terme d'être en Mission et c'est ennuyeux à la longue. Donc, donnez de la vie, du plaisir à ce que vous faites, vivez ! Sortez de l'ordinaire, osez l'inconnu, osez vous aventurer sans planifier !

- Ayez confiance en vous et en l'Univers/Dieu/Grand Tout/Grand Esprit : si vous croyez porter la Terre sur vos épaules, laissez l'Univers la porter pour vous, pourquoi vous surmener ainsi ?

- Si la culpabilité[44] d'être démotivé se fait sentir, relisez la section : L'ascension et la culpabilité, et donnez la culpabilité à l'Univers, il va la porter pour vous aussi !

- Jouer/écouter de la musique : les chants changent les vibrations, l'atmosphère des lieux et ont un effet d'expansion sur nos cellules !

- Marchez, allez dehors et laissez les Éléments vous redonner Vie : l'eau, la terre, les arbres, les fleurs, le soleil, le vent !

---

44 Voir section: Se réconcilier avec la culpabilité

L'ascension et les vies antérieures

Notre origine est le Un, c'est la source de vie, l'énergie qui se trouve en nous et en tout être qui existe.

Lorsque nous nous incarnons sur Terre, nous sommes toujours ce Un, ou plutôt une version du Un qui porte en elle des pouvoirs, des intentions et des mandats.

Mot à nu : Le Karma

Selon le Larousse, c'est « un principe fondamental reconnu par les trois grandes religions indiennes et reposant sur la conception de la vie humaine comme maillon d'une chaîne de vies (samsara), chaque vie particulière étant déterminée par les actions de la personne dans la vie précédente. »

Or, nous venons de la Source et nous y retournons après notre mort.

La Source a plusieurs rayons/reflets et après la mort, l'âme revient au rayon qui lui correspond, une sorte de maison mémoire, une empreinte.

Mais le tout est la Source.

> *Je ne crois pas aux vies antérieures de l'âme, mais je crois aux vies antérieures de l'humain.*

À notre arrivée sur Terre, notre âme sait déjà ce qu'elle a à vivre et à expérimenter. Elle ne voit pas les choses avec les yeux humains. Ce qui est important pour elle, c'est l'expérience et le chemin d'unification.

Les âmes qui s'incarnent viennent donc en groupe (Rayons). Dans le but ultime d'unification, ils réalisent des mandats.

Parmi les mandats actuels, on retrouve la libération des brins d'ADN dans le but d'élever les vibrations de la planète.

À travers ce processus de libération, plusieurs mémoires cellulaires et ancestrales sont relâchées, ce qui nous permet de les voir, d'apprendre leurs leçons et de les transmuter par la suite.

C'est ainsi que de nombreux êtres, sur le chemin d'ascension, voient des mémoires ancestrales telles que des images, personnages et événements des siècles passés, et parfois des temps anciens encore inconnus par les historiens.

Ces images ne proviennent pas des vies antérieures de cette âme, mais des vies antérieures du brin d'ADN humain.

La transmutation et les clés de pouvoir

De façon générale, ces évènements surviennent de manière spontanée, à travers des expériences terrestres (où on parle de Karma) ou lors d'un soin/parcours thérapeutique. Ces images ou événements comportent en eux deux choses essentielles :

- Le traumatisme à transmuter : emprisonnement, viol, violence, etc. Ce qui permet aux humains de façon globale de se libérer de ces schémas de 3D et d'entrer dans une dimension à plus haute vibration. Ce travail ne touche pas seulement l'humain qui le vit, mais TOUS les humains sur la planète.

- Des clés de pouvoir : on se rappelle un pouvoir oublié. On voit des prêtres et prêtresses, magiciens de lumière, guerriers de lumière, des dieux et déesses, des rois et reines. On élargit sa conscience et on constate qu'on vit dans un univers infini, et plus important encore. Les brins d'ADN s'activent et se rappelleront leur lumière.

Un de mes mandats est de rappeler mes clients le sens de « pouvoir » et leur enseigner comment l'utiliser de la façon la plus saine et bénéfique pour eux et pour la planète.

Pour le faire, j'ai dû libérer, en moi, des mémoires reliées à l'utilisation du pouvoir et son impact en positif et en négatif. Des images et enseignements m'ont été communiqués par la mémoire des Hommes (l'ADN) et par d'autres êtres d'autres dimensions et Unités de conscience. J'ai pu expérimenter aussi dans cette vie terrestre l'utilisation du pouvoir dans les deux sens : celui qui a le pouvoir et qui peut en abuser, celui qui le subit et devient victime ; celui qui utilise le pouvoir pour le bien de tous ou pour son bien uniquement, etc.

Moment de connexion

À travers l'ADN
Les mémoires humaines nous sont transmises
de génération en génération

Nous sommes venus nettoyer
La mémoire des Hommes
Pour les prochaines générations

Les « mémoires » de nos Unités de conscience

Il est possible que les Unités de Conscience nous montrent des images de versions anciennes ou futures[45] de nous-mêmes pour nous insuffler la force, la confiance et la détermination.

Moment de connexion

Il s'agit pour ceux qui sont sur le chemin de ne pas s'enfermer dans les mémoires qui remontent à la surface, mais au contraire de s'en libérer et de ne garder que la perle de sagesse qu'elles contiennent.

Ne vous laissez donc pas hypnotiser par les images, ne les cristallisez pas, car ça empêche le processus évolutif de l'ascension de s'opérer.

---

45 Ces versions futuristes sont «Nous lorsque nous sommes en pouvoir de façon saine et sereine", ils sont aussi des versions de nous qui résident dans d'autres dimensions, d'autres réalités..

Lorsque la vie antérieure nourrit l'égo

Lorsqu'on reste pris dans le concept de « vies antérieures », on les amplifie et parfois on les renforce (notamment dans le cas de traumatismes à libérer), on risque ainsi de les perpétuer.

On peut aussi éprouver de la fierté et agir avec orgueil suite à un éveil aux mémoires ; une sorte de compétition prend place entre les Humains pour la « meilleure vie antérieure, la meilleure mémoire ! ».
On entendra alors : « J'étais sorcière, j'étais chamane, j'étais prêtre, j'étais prêtresse... »

Pour passer à travers l'expérience, comprendre son sens profond, sans s'y agripper, sans la figer ou s'y identifier, il faut se recentrer sur sa Vérité « au moment présent ».

La Conscience se perpétue... à l'infini.

La conscience se réincarne en quelque sorte de façon permanente, comme des vagues qui se suivent à travers des cycles qui font tous partie de la même Vie.
Oui, la Vie est permanente et se perpétue à travers différentes formes : herbes, Terre, air, humains, animaux... elle s'exprime à travers TOUT et ne meurt jamais.

C'est la vie qu'on doit suivre, pas le voyage des âmes
Qui n'est que l'expression de la Vie
Du Un

D'une certaine façon, la réincarnation ne peut exister, car elle implique une fin de Vie et un recommencement ; or, il n'y a que continuité de la Vie, transformation sur une plus grande échelle.

Le concept d'incarnation implique la séparation...
Le concept de Vie, implique inclusion, implique le Un...

Trouver ses partenaires d'ascension : les Unités de conscience

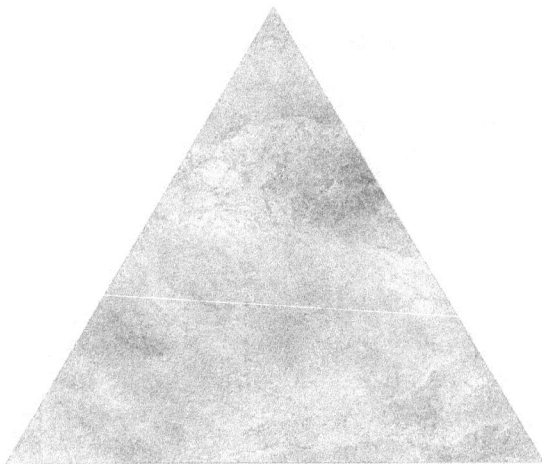

Vous n'êtes pas seul durant ce parcours d'ascension et d'élargissement de conscience. Vous pouvez vous connecter à des « Unités de conscience » qui peuvent vous aider et vous guider.

Qu'est-ce qu'une Unité de conscience ?

C'est une image, une version du Un. Rappelez-vous le diamant avec ses différentes facettes, c'est avec le même principe qu'agit la Conscience UN. Le Un a de multiples facettes et vous pouvez « réveiller » ou « vous connecter » à la facette qui vous est le plus utile selon vos mandats et votre avancement.

Ces Unités de conscience diffèrent par leurs caractéristiques, vibrations, énergies, missions, rôles, forces et qualités. Elles sont symbolisées par des « identités » distinctes et des noms pour être reconnues par les Humains, par exemple : les anges, les animaux totems, les ancêtres, mais aussi les éléments, le vent, le tonnerre, les montagnes, Gaïa, etc.

Toutes ces unités font partie du Un, et vous êtes à l'image du Un sur Terre, donc toutes ses Unités de conscience… font partie de vous. Elles ne sont pas extérieures, mais intérieures…

Les Unités de conscience… Une richesse

Le Un se manifeste à travers différentes Unités de conscience pour nous montrer sa richesse et sa beauté, et nous rappeler l'importance de se rassembler pour le « saisir ».

Reconnaître ces Unités de conscience nous aide sur le chemin de recherche et expérimentation, chacune avec ses vibrations, forces et missions. Il est donc important de profiter de cette richesse disponible à nous et qui n'attend qu'à être entendue.

Acceptez de vous métamorphoser

Nous avons besoin de reconnaître et d'accepter en quelque sorte notre « multiplicité intérieure », nos différentes parties, notre pouvoir de changer de forme et de voix… de manière saine et bienfaisante comme le font les chamanes depuis des milliers et milliers d'années.

Petite note !

Il est possible que vous ayez peur en lisant la phrase précédente et que des questions remontent à la surface ; Et si je me perdais ? Et si je me connectais à un mauvais pouvoir ? Et si… je devenais fou ?...

Accueillez ces peurs, et voyez comment elles évoluent au fur et à mesure que vous poursuivez la lecture. Vous pouvez aussi trouver un accompagnement professionnel qui vous aide à vous harmoniser aux différentes parties en vous.

La métamorphose n'est pas à prendre à la légère et toute Être étoile doit être accompagné pour que le processus d'acceptation se fasse de la meilleure manière possible.

Pourquoi avons-nous peur de nos forces ? Pourquoi avons-nous peur de Nos Vrais Pouvoirs ?

L'Humain s'est habitué à remettre son pouvoir aux autres, car c'est plus facile de se faire mener. Prendre des décisions, penser à sa survie, c'est très fatigant et prenant. Mais à force de déléguer son pouvoir, il a oublié qu'il en a.
C'est comme oublier de marcher à force d'être assis, et avoir peur de tomber aussitôt levé. Avec la discipline et la persévérance, vous saurez ré-apprendre à marcher. Vous constaterez que marcher, danser et voler vous procure du

plaisir, et que vous pouvez même aider d'autres, assis, à se relever ainsi.

Prendre en main son pouvoir de métamorphose et de connexion peut prendre du temps, il se fait avec des essais et des « erreurs [46]», mais vous ne vous sentirez plus jamais seul. Ce sentiment de séparation illusoire n'aura plus de sens, car vous vous êtes connecté, vous savez quelles Unités de Consciences sont accessibles en vous et pour vous et ce que vous pouvez faire ensemble.

Ce que vous pouvez faire ensemble

Les Unités de conscience ont différents rôles selon les circonstances, mais leur objectif central est de nous aider dans notre expérience terrestre. Ils peuvent nous aider :

- Donner des soins ensemble : certaines Unités de conscience aident à nettoyer les énergies et à rappeler aux personnes leurs pouvoirs,
- Faire des voyages entre les différents royaumes pour rapporter des messages à la communauté,
- Donner des réponses claires et nous orienter selon les situations et décisions à prendre,
- Aider à la libération ancestrale, à passer les deuils, à avoir des messages de personnes décédées...
- Rappeler des qualités, des caractéristiques, etc.

La connexion

Pour établir la connexion avec les Unités de Conscience, vous aurez besoin, avant tout, de :

---

46 Une erreur est un concept aussi: il s'agit plutôt d'une expérience.

- Préciser votre intention de connexion, par exemple : la guérison des mémoires, retrouver la joie de vivre, offrir un soin, se connecter au Un, offrir un message

- Cultiver l'écoute du cœur (que ce soit clairaudience, clairvoyance, etc.) à travers la méditation, des exercices pour renforcer son intuition[47].

- Éliminer la peur et apprendre la vigilance : lorsque la peur n'est pas comprise, elle brouille les yeux et enferme la Raison ; il est donc très important d'apprendre à déchiffrer ses messages et la laisser couler.

- Être vigilant : c'est être à l'écoute de ses sens, c'est être au-dessus de la situation pour voir le cadre général, afin de prendre une décision rapide basée sur la clarté et la sagesse.

- Cultiver la confiance et la patience : les messages ne seront pas toujours faciles à déchiffrer et les connexions ne sont pas toujours faciles à établir. Dans ces cas, gardez confiance, élevez votre taux vibrations et trouvez de l'aide pour aller à travers la situation. Encore une fois, soyez à l'écoute de toute émotion de découragement, peur ou impatience, déchiffrez leurs messages et laissez-les couler.

Au fur et à mesure que vous avancerez, vous rencontrerez plusieurs Unités de conscience et vous serez initiés aux règles de Connexion, vous serez avertis des dangers et des exploits possibles... tout en respectant les lois universelles.

Quelques règles de Connexion

Plusieurs unités de conscience sont connues depuis la nuit des temps par des Hommes et Femmes guérisseurs, par des saints et des messagers. À travers l'histoire, leurs caractéristiques ont été recueillies, rassemblées et transmises à travers livres, chants, poèmes et mythes.

---

47 Voir MoveChallenge Intuition

Une Unité de conscience, Une force

Avec le temps, il est possible que les êtres en ascension tombent dans l'erreur de « la généralisation », et réduisent ainsi chaque Unité de conscience à UNE force, ou UNE caractéristique. Ces raccourcis sont utiles pour avoir le message global de l'Unité de conscience, mais chaque être doit se connecter à cette Unité **de façon personnelle.**

À travers ce lien, une union s'opère et on se nourrira des qualités et forces dont on a besoin et qu'on reconnaîtra nous-même.

Point pratique

Assurez-vous, lorsque vous vous connectez à une Unité de conscience, d'identifier les qualités qui VOUS parlent, vous allez le sentir, ce sont les qualités qui font vibrer votre cœur où que vous vouliez renforcer dans votre vie actuellement.

Une seule Unité de conscience

Se contenter d'une seule Unité de conscience, c'est ignorer toutes les richesses de l'univers, c'est refuser de voir toutes ses faces, toutes ses « personnalités » durant cette expérience.

Il ne s'agit pas ici d'aller à la recherche des Unités de conscience ou de monter une collection, mais plutôt de rester ouvert à ceux qui se manifestent naturellement, et d'avoir confiance, car ils portent des messages et des valeurs.

Le rôle d'une Unité de Conscience dépend de votre besoin et les étapes de vie que vous traversez.

Partenariat et détachement

Acceptez les Unités de conscience comme une partie de vous-même, vous êtes conscient qu'elle existe, qu'elle vous supporte, mais ne lui donnez pas du pouvoir sur votre vie.
Cette Unité de conscience est là pour vous aider dans votre chemin. Si vous ne ressentez plus une Unité de Conscience ou qu'elle ne se présente plus dans votre vie, c'est que vous êtes rendu à une autre étape ou que votre besoin a été accompli. Ne vivez pas cette expérience comme un Abandon, mais plutôt une Reconnaissance, une prise de conscience que vous avez avancé, c'est un signe que vous rencontrerez de nouvelles Unités de Conscience.

Reconnaissance, Détachement, Sagesse et Confiance !

Dans la partie suivante, je vous partage ma vision de certaines Unités de conscience...

Les archanges

Les archanges sont des Unités de conscience avec une vibration de lumière hautement élevée, les humains aspirent à leur ressembler, mais oublient qu'ils ont cette partie en eux.

Chaque archange a des attributs spécifiques qui aident à harmoniser l'univers et à aider l'humain dans son évolution.
Être connecté aux archanges signifie que nous sommes connectés comme humain à cette partie pure, lumineuse harmonieuse de nous-mêmes et que nous sommes au/en service.

Contrairement à ce qu'on pense, les anges et archanges dépassent les religions. Tout humain peut contacter cette Unité de conscience, peu importe son culte ou origine.
Aussitôt la connexion établie, l'humain se sent nourri de foi et confiance, il perçoit la vie autrement et goûte à la compassion et l'amour inconditionnel, ce qui peut guérir ses blessures. Il peut aussi recevoir une guidance claire et même des avertissements si nécessaire.

L'apparence des Archanges diffère selon les vibrations et les dons de celui qui les contacte. Certains les voient sous une forme humaine, d'autres sous forme d'aura, Rayon ou couleurs. D'autre ne les voient pas, mais ressentent leur énergie ou les sentent sous forme de parfums de fleur.

Les archanges travaillent en équipe avec d'autres anges, ce sont des particules de lumière, des Unités des consciences dupliquées selon la mission. Chacun de nous peut les contacter et leur demander leur aide pour qu'ils puissent intervenir, tout en respectant la loi universelle du Libre Arbitre.

Le nombre d'archanges reste inconnu, et nous ne connaissons jusqu'à présent que quelques-uns.

Voici en bref les plus connus et ce que j'ai appris en travaillant avec eux :

- Archange Gabriel : connu comme étant le messager, il est aussi un puissant partenaire de purification et marque les nouveaux départs.

- Archange Métatron : il supervise l'ascension de la planète actuellement avec d'autres Unités de conscience. Dans le processus de libération, il aide l'humain à se rappeler ses pouvoirs, à être aligné avec sa nouvelle place dans la Nouvelle Planète.

- Archange Michael : connu comme le protecteur, c'est aussi un accompagnateur solide, l'ami, le confident et le guérisseur. Il offre une enveloppe sécurisante durant cette ascension jusqu'à ce que le corps de lumière soit solide.

- Archange Raphaël : connu sous le nom de l'archange de Guérison. Il transmet aussi des messages avec puissance et douceur à la fois. Il supervise, avec d'autres Unités de conscience, la transmutation actuelle.

- Archange Sandalphon : connecté à la musique des sphères, c'est un archange hautement élevé qui aide dans la transformation planétaire actuelle. Sa présence est subtile, plus douce contrairement à la présence de Métatron.

- Archange Uriel : aide à dissoudre les énergies basses, à comprendre le passé et le transmuter. Il supervise aussi les actions en communauté pour qu'elles soient orientées vers la Paix.

- Archange Christiel : énergie d'amour, de paix et de Haute Conscience. Aide à élever les vibrations et à ancrer la conscience de Cristal dans les différents Corps.

- Archange Azraël : connu comme étant l'archange de la mort, il aide à passer les âmes et offre un cocon sécuritaire pour faire les grandes transitions, donner le courage pour faire le pas et aller vers de plus hautes fréquences.

• Séraphin Séraphina : connu pour « Chanter la vision divine de la Source ». Elle rappelle aux enfants qui viennent des étoiles leurs Voix et voies. Elle supervise leur ascension pour qu'ils puissent s'aligner au Un et effectuer leurs mandats. Elle les ramène aussi lorsqu'ils quittent la Terre à leurs royaumes.

• Archange Marie : travailler avec Marie diffuse l'amour et la lumière à tous ceux qui touchent son nom/conscience/énergie. D'une douceur infinie, elle apporte la paix là où elle est. Elle accompagne également les mères et les personnes qui ressentent des souffrances émotionnelles ou vivent des traumatismes.

Les Maîtres Ascensionnés

Ce sont des Unités de conscience incarnées à travers différents humains ayant vécu sur terre, mais qui ne le sont plus sur le plan physique. Ils ont la Connaissance des différents plans de vibration et ont la volonté d'interagir et la capacité de le faire.

Ils ont différents rôles selon leur Rayon et selon le plan divin. On retrouve parmi eux des prophètes et rois, des prêtres et prêtresses. Ceux qui sont les plus connus figurent dans les religions et mythologies, tels que : Jésus, Bouddha, Zeus (Jupiter), Aphrodite (Venus), Poséidon (Neptune), Athéna, Hermès (Thoth), Maître Lanto, Saint Germain, Merlin, Elmorya, Kuthumi, Serapis Bay...[48]

---

48 Vous pouvez trouver différentes ressources gratuites sur internet pour apprendre plus sur les Maîtres ascensionnés; cela dit, nous ne connaissons que certains d'entre eux. Ce qui est à retenir c'est le chemin d'ascension qu'ils ont entrepris à travers la vie Terrestre, les Rayons qu'ils véhiculent et les messages qu'ils partagent. Restez ouverts, collaborez avec discernement tout en gardant votre pouvoir.

Les Rayons

Chaque Rayon descend sur Terre, entre autres, à travers les travailleurs de lumière et les Êtres étoiles. Le Rayon s'installe à certains endroits sur terre, ces endroits deviennent des centrales de distribution de ce Rayon, ce qui peut profiter aux humains et aux endroits géographiques.

> *La Terre a aussi besoin de recevoir/se rappeler ces Rayons, ses Pouvoirs.*

Grâce à l'élévation vibratoire de la Terre, il nous est de plus en plus facile d'accéder aux Rayons et de bénéficier de leurs effets.

Voici donc quelques rayons auxquels vous pouvez faire appel :

> *Sachez que malgré tous ce qu'on apprend,*
> *On ne connaît rien encore...*

Le Rayon Violet

Rayon puissant de libération, de nettoyage et de transmutation. Il permet à la lumière de pénétrer malgré la densité ou l'ombre qui s'accumule. Vous pouvez faire appel à ce Rayon pour nettoyer le karma, les énergies qui ne vous sont plus nécessaires, les nuages de pensées.
Unités de conscience : Maître Saint-Germain, Archange Améthyste, Dragons de la Flamme Violette, etc.

Rayon Émeraude

Rayon de guérison élevé qui aide à l'ouverture du 3e œil aux hautes dimensions pour que les humains visualisent/projettent un avenir rayonnant, mais inconnu encore (vision technologique nouvelle que l'humain n'a jamais vu).

Unités de conscience : Archange Raphaël, Dragons Émeraudes, Hilarion...

Rayon Bleu Clair

Un autre rayon de nettoyage et de guérison qui permet de soigner les blessures émotionnelles et les traumatismes. Il éloigne les pensées négatives et élimine les programmations mentales d'autodestruction. Il réveille la douceur et la paix dans le cœur.
Unités de conscience : Lady Marie, Archange Mariel...

Rayon Rose

Magnifique rayon d'amour inconditionnel et de tendresse. Il aide à pardonner et à recréer des liens entre les humains avec de nouvelles règles : la compréhension, le respect, la patience et la bienveillance. Ce rayon est nécessaire en ce moment pour apaiser certains pays et régions ravagés par la guerre afin d'augmenter leur taux vibratoire.
Unités de conscience : Lady Nada...

Rayon indigo

Rayon de transformation éthérique, il est le plus proche au plan terrestre, donc le plus accessible. Accessible notamment à la fin du coucher du soleil et début de la nuit. Ce rayon aide à se connecter à ses origines multidimensionnelles pour apporter : le sentiment de sécurité, la force nécessaire à la vie terrestre, les valeurs et connaissances pour la nouvelle planète, et les pouvoirs oubliés, mais essentiels à l'ascension.
Unités de conscience : Archange Michael, Maître El Morya...

Rayon jaune

Rayon de l'éternité, de l'espoir et de la renaissance. Il apporte joie et confiance, vitalité et expansion. C'est un autre Rayon accessible à travers le soleil tous les jours, ce qui montre son importance pour revitaliser les corps physiques et leur rappeler

la possibilité d'expérimenter l'immortalité. C'est aussi le Rayon des Yogis et soutient les actions en lien avec l'environnement et les enfants.
Unités de conscience : Maître Kuthumi, Archange Uriel, etc.

Rayon Rubis

C'est le rayon du « travail spirituel » et de l'élaboration, tel le sculpteur qui apprend le métier tout en créant... C'est un rayon qui existe sur Terre depuis plusieurs milliers d'années et qui a permis de préserver certaines vérités, telles les fleurs qui fleurissaient dans la nuit étoilée, et qui attendaient LE lever du soleil.

Rayon Doré

Rayon pur de la grâce et de l'abandon total à la lumière, il est lié à de hautes dimensions et à la guérison à haut niveau. Il aide à l'illumination spirituelle et à l'incarnation de nouveaux Maîtres sur Terre. C'est aussi un rayon de transport (comme d'autres rayons) qui donne accès aux plans inaccessibles pour les corps de carbone, et qui protège des turbulences énergétiques durant l'ascension.
Unités de conscience : Dragon d'or, Maître Maitraya/Jésus...

Rayon arc-en-ciel

Un rayon d'harmonisation et de connexion lors de la transformation et la renaissance. Avec ce rayon, le papillon passe par le palier d'éveil. Il est protecteur et enveloppant lors de la transmutation et transporte vers de hautes sphères. Il est très puissant, car il regroupe plusieurs rayons en lui, donc il n'est pas encore accessible pour tous.
Unités de conscience : Lady Marie, Archange Mariel...

Rayon de Cristal

Rayon de couleur blanche bleutée, avec des nuances de gris. C'est le Rayon de lumière qui transperce et pénètre à travers les différents plans, agit comme accélérateur, réparateur, guérisseur avec douceur, mais fermeté.

Rayon blanc

L'ultime Rayon de vérité et de pureté, il est la finalité et le but de tous les Rayons. C'est celui qui apporte la clarté d'esprit ; la conscience est éveillée ; le regard porte loin et le cœur est fusionné avec le Un. C'est le Rayon où les multivers se rencontrent.
Unités de conscience : Archange Gabriel, Serapis Bay...

D'autres Rayons : Rayon diamant, Rayon noir, Rayon rouge, Rayon turquoise, etc.

Comment collaborer avec les Rayons ?

Il existe de nombreuses façons de collaborer avec les Rayons, en voici quelques-unes :
Les couleurs sont notre façon de percevoir la Lumière et sont la représentation des Rayons, alors vous pouvez aisément travailler avec les Rayons dont les couleurs vous attirent
Ensuite, choisissez le Rayon avec lequel vous souhaitez travailler, clarifiez votre intention ou votre souhait et préparez-vous à ces exercices à faire pendant sept jours :

Exercices

Visualisation 1

Trouvez un endroit calme où vous ne serez pas dérangé. Prenez trois grandes inspirations par le nez et expirez par la bouche.
Faites appel au Rayon et laissez-le venir à vous, vous remplir, en commençant par le haut : la tête, les yeux, les oreilles, la

bouche, la gorge, les épaules, le haut de la poitrine, l'abdomen, et ça continue à descendre tranquillement... À chaque inspiration, le Rayon descend un peu plus pour envelopper les cuisses, les genoux, les pieds, jusqu'à ce que vous soyez ce rayon.

Cet exercice est facile et peut prendre deux minutes ou plus, selon votre disponibilité. Il vous permettra d'absorber/réveiller les qualités du Rayon en vous-même et de les incarner et les manifester dans votre quotidien et dans vos relations.

Visualisation 2

Trouvez un endroit calme où vous ne serez pas dérangé. Prenez trois grandes inspirations par le nez et expirez par la bouche.
Faites appel au Rayon et laissez-le venir à vous et vous envelopper comme un cocon protecteur et sécuritaire, respirez tranquillement pendant que vos corps absorbent le Rayon et ses attributs.

Cet exercice est facile et peut prendre deux minutes ou plus, selon votre disponibilité. Il vous permettra de vous réharmoniser, de préserver vos énergies dans un environnement instable et de retrouver votre centre. Cet exercice peut être fait pour vos enfants ou vos proches, toujours en respectant la loi du libre arbitre.

Les couleurs

Entourez-vous physiquement de la couleur du Rayon à travers : des habits, des foulards, des lunettes, des coussins, des cadres, des couvertures, etc.
Vous pouvez utiliser de nombreux jeux Oracles ou Tarots ou des matériaux, des pierres et cristaux avec ces couleurs, par exemple : Rubis, Émeraude, l'Or, l'Argent, Aqua marine, Quartz rose, etc.

Les flammes et les décrets

Chaque Rayon a des flammes que vous pouvez convoquer selon votre intention, et lorsque vous le faites, vous activez le Rayon et lui demandez d'entrer en action avec une plus grande intensité, ce qui peut métamorphoser votre énergie ou l'énergie de l'objet de votre intention. Cela doit se faire avec amour et grâce.

La plus connue des flammes est la Flamme Violette qui transmute et nettoie profondément les différents niveaux énergétiques du corps humain, les endroits géographiques, etc.

Pour utiliser une flamme, faites appel aux Unités de conscience qui représentent ce Rayon. Il s'agit d'archange ou de Maîtres ascensionnés par exemple. Grâce à la visualisation, placez cette flamme à l'intérieur et autour de vous ou autour de l'objet de votre intention et demandez-lui de vous aider, selon le rôle du Rayon.

Vous pouvez vous faire aider grâce à des Décrets, voici quelques exemples :
« Je suis la Flamme Violette, je suis la flamme de transmutation, je suis la flamme de l'espoir, je suis Saint-Germain. »
« Je suis la flamme du Rayon Rose, je suis amour, je suis ouverture et paix. Ici et maintenant, je rayonne amour et le transmet autour de moi. »

Rappel

Plusieurs enseignements existent sur les Unités de conscience, à vous d'expérimenter pour trouver Votre Vérité. Mais rappelez-vous que la première connexion à faire est celle du cœur.

Les animaux Totems

Les Premières nations sont parmi les premiers à avoir considéré les animaux comme guides et filiale familiale. Ils ont communiqué avec eux et ont appris à utiliser leurs forces de façon consciente.

Vous aussi, vous avez un ou plusieurs animaux qui vous accompagnent et qu'on peut appeler Animaux Totems.

- Ils symbolisent votre miroir et vous font découvrir vos forces et ressources.
- Ils vous informent sur vos relations avec autrui et sur votre rôle envers la nature et la terre.
- Ils vous encouragent et vous rassurent face aux défis, vous pouvez ainsi faire appel à la puissance de l'animal totem selon les situations et les besoins.

Comment collaborer avec eux ?

• Demandez à rencontrer vos animaux Totems dans une méditation ou dans les rêves et soyez attentifs. Vous envoyez ainsi une commande et êtes prêt à recevoir la réponse. N'en faites pas une obsession tous les jours, mais faites-en sorte que le sérieux et le plaisir coexistent dans cette démarche.

• Demandez-vous quel animal vous apparaît le plus souvent : il y a quelques années, une amie à moi m'a offert deux coussins avec des photos du loup (imprimés sur tissus), deux mois plus tard je me suis connectée à cet Animal Totem pour m'aider sur mon chemin !

Et vous ? Y a-t-il un animal qui apparaît souvent dans votre vie ?
Que symbolise-t-il ?

• Faites appel à l'Animal Totem selon votre besoin : À quel animal feriez-vous appel naturellement dans les moments de faiblesse, et quand vous avez besoin de force ?

• Ou consultez un thérapeute ou un praticien en chamanisme pour vous aider à vous connecter à vos animaux totem.

Les éléments

Les éléments représentent des archétypes puissants qui sont indispensables pour notre ascension.

Ils sont la base de la Magie et les piliers de notre vie terrestre. Plusieurs thérapies les utilisent pour déterminer l'origine des maux et aider les différents corps à retrouver leur harmonie.

Voici les éléments et ce qu'ils représentent en bref :

- L'élément Feu : représente l'énergie créatrice, l'inspiration, la motivation, l'action, le courage, l'optimisme, l'aventure. La leçon du feu est d'apprendre l'équilibre entre l'action, l'attente et l'inaction. Il transmute pour faire rayonner la lumière. Il transforme le désire et l'instinct en Mandats spirituels.

- L'élément Air : Représente le corps mental, l'esprit ou le souffle de Vie. Il est relié au monde des pensées, la sagesse, la liberté, la clarté. Sa leçon, c'est d'accéder à la vérité. Il est le point de départ de la parole, du souffle, de l'action.

- L'élément Eau : Représente le corps émotionnel, l'intuition, les relations, l'amour, l'inconscient, le mystère... Sa leçon, c'est d'apprendre la fluidité de la vie et éviter la stagnation en toute chose, de rechercher la joie et être à l'écoute de son cœur tout en dépassant les états émotionnels, car ce ne sont que des messagers d'un sens et de l'autre, messager de l'environnement et messager pour la manifestation.

- L'élément Terre : Représente le corps physique, le monde matériel, l'argent, la Terre Mère. Cet élément représente la condensation de l'énergie, la manifestation de l'esprit (feu), des pensées (l'air) véhiculées par les émotions (l'eau) sur Terre. Sa leçon, c'est apprendre à s'incarner avec tout ce que cela comprend (santé, être en sécurité, l'abondance matérielle...)

Comment travailler avec les éléments ?

Nous pouvons collaborer avec les éléments de différentes façons, que ce soit à travers :

- Des rituels selon l'élément, par exemple : nettoyer ses mémoires avec le feu, la visualisation avec l'air, diluer ses souhaits dans l'eau, etc.

- Une connexion profonde à chaque élément pour comprendre son Essence et collaborer avec.

- Travailler avec les Élémentaux

- Etc.

Les fées

Les fées sont les anges de la nature, elles ont des provenances et des occupations différentes, on reconnaît parmi eux : les fées des fleurs, les fées des arbres, les fées de la mer, etc. Plusieurs mythes existent sur les fées, certains basés sur la peur et d'autres sur la magie, mais ma vision des fées est basée sur l'amour et l'entraide pour protéger la Terre et rendre la vie humaine meilleure[49].

Les arbres

L'arbre fait partie des plus anciens êtres présents sur la terre. Il est cité dans toutes les spiritualités et religions du monde des arbres et est considéré comme un symbole de force, de connexion entre ciel et terre, de sagesse, de respect des lois de la nature, la vie...
Nous distinguons les arbres par leurs formes, couleurs ou utilités médicinales, nutritives, etc., mais, ils détiennent une sagesse unique, accumulée avec l'âge, car ils sont témoins de l'évolution humaine, et chacun de nous peut profiter de leurs enseignements.[50]

Les dragons

Les légendes ont été souvent injustes envers les dragons et les ont présentés de façon négative et monstrueuse. Or, les dragons sont des compagnons et protecteurs spirituels très puissants ; ils sont de tailles et couleurs différentes et peuvent nager comme un poisson, voler comme les oiseaux ou marcher comme les dinosaures.

---

49 Pour en savoir plus, voir le Programme: Introduction au monde magique des Fées sur www.ouassimagik.com

50 Voir le livre pratique: Les arbres vous parlent

Avec le cœur ouvert et un peu de discipline, il est possible de se reconnecter à ces créatures pour vous accompagner… vous ne vous sentirez plus jamais seul.

Le son

La voix est une rivière de guérison énergétique qui coule du cœur, le centre du cosmos.

> *On dit que Thot redonnait vie avec sa voix, et que Isis a remembré Osiris avec son chant…*

Le son est lié au Verbe, le Silence, le Vide. Avec le son, on peut construire ou détruire, on peut donner la vie ou la réprimer.
C'est un des premiers partenaires que nous rencontrons dès notre arrivée sur Terre : le son de la maman lorsqu'on est dans son ventre, le son des pleurs lorsque le souffle pénètre dans nos poumons pour la première fois.

Dans chaque voix, on retrouve une histoire, une envie, une intention.
Chaque voix est une commande à l'Univers.
Chaque voix a un but et une énergie uniques,
La voix ouvre la voie directement vers un espace sacré et divin.

Vous pouvez rencontrer d'autres Unités de conscience : les cristaux, la lune, les étoiles, les lutins, les licornes, les fleurs, les montagnes, et plus encore...

Quelques outils d'ascension

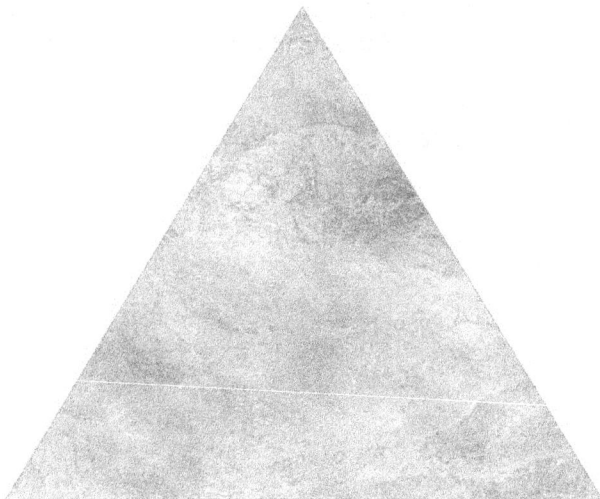

Les outils d'ascension sont aussi des Unités de conscience, mais se sont plus des alliés matériels qui peuvent vous apprendre beaucoup sur vous-même, élargir vos horizons et vous aider dans votre ascension sur plusieurs plans.

Cela dit, ils ne sont pas « nécessaires » à votre expérience, car c'est à vous de faire le chemin. Vous n'êtes pas « faible ou incomplet », alors ne dépendez d'aucun outil, mais laissez-les vous miroiter vos capacités et le Maître que vous devenez.

L'art, le dessin et la peinture

Dans une étude scientifique, on a observé, chez des personnes qui contemplaient des œuvres artistiques, une augmentation du fluide sanguin et une activité croissante dans le cortex orbitofrontal médial, une partie du cerveau associée au plaisir et au désir[51].

Cette découverte est très intéressante, car elle démontre que l'art nous fait sentir beaucoup mieux… c'est-à-dire qu'il nous aide à élever notre taux vibratoire, ce qui est très important sur le chemin d'ascension !

Au niveau énergétique et spirituel, contempler et observer des peintures artistiques nous transporte dans un autre monde, un monde que notre « Moi supérieur » connaît très bien, celui des rêves et des autres royaumes.

L'art a aussi cette capacité de :

- Nous rappeler des connaissances oubliées

- Nous connecter à des émotions qui ont besoin de se libérer

- Ressentir et absorber (télécharger) certaines énergies selon le besoin : énergie d'amour, de guérison, de pardon, et d'autres pouvoirs.

---

[51] https://www.telegraph.co.uk/culture/art/art-news/8500012/Brain-scans-reveal-the-power-of-art.html

Dessiner, peindre, faire du collage... ce sont toutes des activités désormais reconnues comme étant des outils thérapeutiques qui contribuent à notre bien-être. Vous pouvez les trouver sous une forme plus structurée telle que l'Art thérapie, ou sous une forme plus intuitive et créative tels que les « Bullet Journal [52]», le « Dessin intuitif » par exemple.

Faire de l'art est un des meilleurs moyens de s'exprimer, faute de trouver des mots sur son chemin d'ascension, les émotions et les pensées trouvent une issue et ne sont plus retenues ou réprimées à l'intérieur.
C'est également un moyen très efficace pour trouver des réponses à des questions pratiques ou existentielles et pour interpréter les signes[53].

À un niveau plus subtil, s'adonner à des activités créatives permet de se connecter à son Moi Supérieur, à la Source et de manifester — à travers les formes et les couleurs — des vérités mystiques qui ont besoin de voir le jour. On peut créer des vortex qui permettent de nous lier à d'autres Unités de conscience et à d'autres univers.

---

52 Voir Journal Mystic

53 Interprète tes dessins intuitifs

Les jeux de cartes : Tarot et oracle

Depuis plusieurs siècles, les cartes ont été utilisées pour connaître le destin, le caché, que ce soit par curiosité ou par peur de l'avenir. Ils montrent notre désir de nous connecter avec l'invisible, de connaître l'ombre.

Les jeux de cartes utilisent les œuvres d'art (voir section précédente) ce qui facilite entre autres l'apprentissage, car il combine les connaissances avec le plaisir, et permet de développer son intuition et son ouverture.
En se consacrant aux jeux de cartes, on crée un espace personnel et intime dans lequel nous pouvons nous exprimer avec honnêteté et sans jugement. Il nous transporte dans un monde où l'imaginaire n'a pas de limite.

Dans une société où tout va vite, les jeux de cartes nous apprennent aussi à prendre le temps, à nous assoir avec nous-mêmes pour nous voir dans un miroir clair.
Ils nous encouragent également à prendre action, car le fait de prendre du temps, de s'engager sur la voie du tarot ou des oracles implique une volonté, une action et une détermination que nous avons tendance à négliger dans l'abondance de distractions dans notre quotidien.
Une relation d'amitié et de confiance se tisse ainsi avec nos jeux, ce qui permet de relâcher nos craintes et nos doutes, on s'abandonne à la contemplation, on développe une sorte de concentration et on s'éloigne de l'éparpillement mental !
Et c'est dans cet espace sacré que nos dons et talents recommencent à fleurir !

Le Tarot est un excellent outil de transformation personnelle et spirituelle, il aide à mieux se connaître et à comprendre les différentes phases de la vie.
Le Tarot détient aussi des connaissances mystiques et des images qui reconnectent justement avec de multiples univers.

Le rôle du tarot plus spécifiquement

Le Tarot peut être un compagnon de vie pour ceux qui sont sur le chemin de l'ascension. Il agit à plusieurs niveaux :

- Au niveau psychique et émotionnel : car le tarot est un miroir pour connaitre l'état intérieur et extérieur :

  - ➢ Il aide à mieux se connaître et explorer ses différentes facettes,

  - ➢ À reconnaître les blessures et les guérir,

  - ➢ À reconnaître ses modes de pensées, ses conditionnements et les ajuster pour être en équilibre,

  - ➢ Reconnaître les actions qui découlent de notre intérieur.

- Au niveau spirituel : je crois que tout est spirituel, néanmoins ce que nous définissons comme spirituel en ce moment, c'est le travail qu'on fait pour mieux connaître l'immense univers à l'intérieur, comme à l'extérieur. Le tarot pour moi est un enseignant qui aide à :

  - ➢ Avoir une autre perspective plus élevée des évènements,

  - ➢ Comprendre sa raison d'être et ses mandats de vie,

  - ➢ Comprendre le chemin de l'âme sur terre,

  - ➢ Savoir comment atteindre un équilibre, « la danse de la vie », en développant des qualités telles que l'intuition, le don de soi, etc.

  - ➢ La méditation : le Tarot permet de se connecter à son ombre et Son Moi Supérieur. Il peut aider à trouver la lumière au bout du tunnel.

- Au niveau divinatoire : Le tarot est une boite remplie de synchronicité regroupée pour nous donner des réponses concrètes en lien avec notre vie. Cette boîte, constituée de 78 cartes, images contient tout ce dont nous avons besoin sur Terre.

• Au niveau de la « Manifestation du Maître sur Terre » : le Tarot aide à manifester les intentions et les mandats. À travers des rituels simples, le Tarot devient un outil puissant d'incarnation sur Terre.

• Au niveau relationnel : Le tarot est un excellent outil de connexion à d'autres personnes sur le chemin d'ascension. Plusieurs communautés ont vu le jour pour étudier ensemble le Tarot et les mystères qu'il recèle. Ces communautés ont déjà l'ouverture et la curiosité nécessaires pour évoluer, ce qui donne lieu à de très belles rencontres et possibilités de collaboration[54].

---

54 Voir sur ma chaine YouTube ma collaboration avec Candice, issue de notre amour pour les cartes.

Le journal Mystic

En écrivant les lignes de ce livre, j'ai eu le besoin urgent de créer un journal personnel. En méditant sur ce flux créatif qui montait en moi, j'ai eu l'inspiration de l'appeler « Journal mystique » et de le créer dans le but de raconter notre aventure d'ascension de façon quotidienne et développer notre discipline avec nouvelle conscience.

Qu'est-ce qu'un journal personnel ?

Le journal personnel est notre livre de Vie, il illustre nos rêves et aspirations, nos créations et priorités.
Le journal nous permet de mémoriser notre parcours et de le revisiter dans quelques années comme le conte d'une étoile mystique.

Le journal personnel est un Livre de Magie où tout a un sens.

Ce journal personnel sera rempli de vos formules, vos couleurs, vos vibrations et cela pour apprendre à voir comment la Magie s'opère dans votre vie. Vous remarquerez les synchronicités, commencerez à comprendre les signes de l'Univers et les prendrez en considération pour réaliser vos rêves.

Avec ce journal, vous pouvez :

- Mémoriser vos voyages de connexion et méditation,
- Avoir une guidance grâce à des tirages de cartes quotidiens et mensuels,
- Définir vos objectifs quotidiens,

266

- Développer de la gratitude envers vous-même : une section spéciale est offerte pour apprendre aux étoiles que nous sommes à prendre soin de nous-mêmes sur ce chemin d'ascension,
- Retrouver le bien-être en prévoyant des moments d'attention envers vous-même,
- Célébrez vos réalisations,
- Rassemblez vos inspirations,
- Transcrire vos rêves nocturnes et apprendre à les interpréter,
- Développer votre créativité (des tutoriels sont offerts sur ma chaine Youtube pour montrer des exemples de collage et dessin intuitifs, etc.)
- Et bien plus...

Où retrouver ce journal et comment l'approcher ?
Pour profiter pleinement de ce journal, privilégiez le petit effort, mais la régularité. Permettez-vous d'avoir des moments ensemble : cinq minutes le matin et cinq minutes le soir suffisent pour y mettre Vos mots, Vos phrases clés. Vous pouvez prendre plus de temps, si vous le souhaitez, pour faire le tirage quotidien ou faire un dessin ou un collage.

Retrouvez le Journal Mystic sur mon site web pour le télécharger en format PDF, imprimez les sections qui vous intéressent et commencez à le remplir...

Les baguettes magiques

Vous les avez sûrement vues dans Harry Potter, ou le Seigneur des anneaux, mais sachez qu'elles existent depuis l'ancien temps dans différentes traditions et écoles de Mystère.

Elles peuvent vous aider à

- Maîtriser votre énergie,
- Transmettre et diffuser l'intention/énergie à un endroit, situation, corps physique, etc.,
- Collaborer avec une Unité de conscience (les éléments par exemple).

Comment les trouver ?

Les bâtons peuvent vous être offerts par la nature, vous trouverez votre bâton en marchant dans une forêt par exemple, ou peut être fabriqués par vous ou par un transformateur d'énergie.

La matière des bâtons ? En bois ou en cristal.

Comment les charger ? Selon le bâton et vos Essences, sous la lune, sous terre, au soleil, dans l'eau de mer, etc.

Tout est à notre portée, tout est outil de notre ascension.

Quelques notions et

réflexions

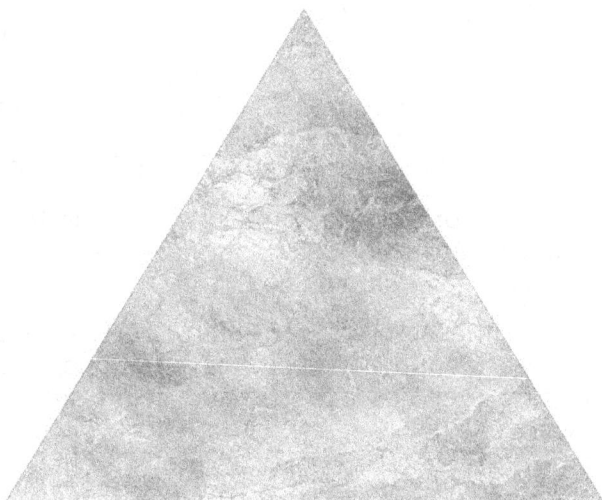

Qu'est-ce que le mental ?

Je ne vois pas le mental comme étant une partie du cerveau. Cependant, je le vois comme étant l'Homme Primaire, celui qui doit survivre sur Terre en collectant, chassant, planifiant, calculant et construisant sa maison.

Donc, c'est une version de nous-mêmes qui est nécessaire à notre incarnation. Elle est un autre champ d'expérimentation de notre Ascension. Le mental est relié aux centres énergétiques de base qui se situent en bas du cœur.
C'est ce qui permet de marcher, de procréer… de perpétuer la vie, en restant en sécurité, protégée, en vie.
C'est son rôle et sans lui, nous ne serions plus sur Terre.

Notre défi dans le chemin d'ascension est de trouver l'équilibre entre toutes les versions de nous-mêmes ; par exemple, on essaie toujours d'équilibrer nos rôles dans la société : rôle d'ami/e, de mère/père, de sœur/frère, de copain/copine, fiancé/e, de citoyen/ne, etc. et on organise notre temps et notre vie en fonction de ces rôles.

Et si nous essayions d'équilibrer aussi entre nos différentes versions intérieures.
Il s'agit des différents rôles/archétypes que nous pouvons endosser selon la situation ou l'intention. Ils fonctionnent de façon plus profonde et cosmique.
Voici un exemple des versions que vous trouverez :

- L'homme primaire : le mental, il veut tout organiser, trouver les solutions pour être en sécurité, pour survivre, car c'est son but.

- La femme/homme sensible : parfois appelé enfant intérieur. A un lien avec les émotions, il a une façon d'interpréter ses expériences, selon ses blessures, sa nature.

- Le Maître : appelé parfois âme, moi supérieur, etc. il nous guide sur le chemin d'ascension comme un marionnettiste, il sait où il s'en va.

- D'autres rôles archétypes : Le guérisseur/Chamane, Dieu/Déesse, l'Ange, etc.

Le sentiment d'insécurité

C'est une émotion qui naît, dès notre entrée sur le plan terrestre, du choc de notre incarnation. Ça peut être aussi le cumul de nuages sur la terre, une émotion collective cultivée depuis des milliers d'années. Notre rôle est de sortir de ce nuage et de comprendre qu'il n'est que le fruit d'une déconnexion/oubli.

Le voile se lève désormais et chacun peut se rappeler d'où il vient, et à quoi il « appartient ».

Le sentiment d'insécurité est aussi le fruit de la peur, la peur de la mort, de « finir ». Mais qui a peur réellement ? Quelle partie de nous (archétype) se sent désorientée et seule face à tous ?

Lorsque nous sommes connectés à notre étoile intérieure, nous sommes alignées, en lumière, peu importe ce qui arrive autour, et même en nous, l'étoile est là, toujours allumée et s'attend à briller, par votre volonté. Même si cette étoile se sent rejetée parmi les autres, rien ne peut l'empêcher d'être ce qu'elle est, une étoile qui vient expérimenter, et partir. Dans ce voyage, la mort n'existe pas. La souffrance est une transition.
Cette étoile, on peut l'oublier, l'enfermer, ne jamais faire connaissance avec elle dans cette vie, mais rien ne peut la casser, rien ne peut l'éteindre.
Cette étoile vient du Soleil central...

Retrouver le sentiment de sécurité se fait de l'intérieur. Vous avez un rôle à jouer sur cette planète que ce soit par l'intention ou par l'action, vous êtes venu expérimenter[55].

---

55 Voir Mission de vie

Moment de connexion

Vivez pour vous même, mais expérimentez aussi la dimension du groupe, de communauté
Ne soyez pas dans le « retrait », car le sentiment d'insécurité vous coupe les uns des autres.
La sécurité vous rappelle la bienveillance, vous ouvre aux autres,
Vous épanouissez, vous êtes enveloppé...
Voilà, cultivez le sentiment de « sécurité » avec vous-même,
Puis partagez-le, avec un petit nombre, un grand nombre, ce n'est pas important.
Vous allez voir que c'est contagieux aussi.
Mais ressentez-le à l'intérieur d'abord.

La dépression

La dépression demande de faire face à soi, de plonger en soi. Les distractions ne marchent plus et les questions insistent pour être entendues. On doit trouver des réponses vraies. On cherche autour de soi, mais on ne trouve pas de réponse.

Du côté conceptuel, on se heurte à une nouvelle vérité, les maisons et châteaux construits depuis des années tombent comme un château de cartes. On perd les repères et les bases, et rien n'a plus de sens. C'est une étape parfois nécessaire pour avoir le terrain vierge à de nouvelles constructions, plus en harmonie avec la dimension dans laquelle on entre.

Moment de connexion :

La dépression est une initiation, un voyage dans le désert...
Votre premier test est le mirage appelé lui-même « dépression » :
Un génie apparaît dans ce mirage et vous demande :
comptez-vous vous attacher à ce mot et tout ce qu'il porte comme logique et craintes ?

- Oui ? Alors, vous resterez ici plus longtemps que vous ne l'espériez, et il y a tellement d'autres mirages...

- Non ? Alors, préparez-vous à voir la vérité de ce mirage, il est là pour vous permettre de faire pénétrer la lumière du soleil central. Vous n'auriez pas pu permettre à ce rayon de pénétrer si vous étiez resté dans votre routine, sans remises en question.

Ici vous êtes seul, face à vous-même, approchez-vous...
Voyez le reflet de votre visage dans ce lac...

Vous vous approchez... vous vous penchez,
Et là, vous voyez en premier un visage défraîchi, des cernes,
un regard désespéré, perdu...
Mais la lumière perce à travers ce visage... la lumière se fait des chemins comme une eau qui se déverse du haut d'une montagne.

Votre visage est métamorphosé, un visage ensoleillé, radieux comme le Soleil central, ou comme une étoile qui brille.

Vous clignez des yeux, est-ce vrai ce que je viens de voir ?
Vous clignez les yeux encore une fois, le mirage a disparu, le désert aussi... Vous regardez autour de vous...
« Cette chaise, elle m'est familière, et cette fenêtre... Je suis de retour... »

En conclusion

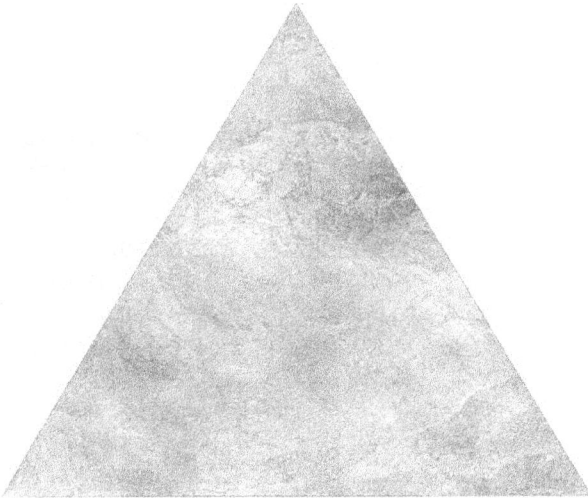

Et maintenant, qu'est-ce qu'on fait ?

Comment maintenir son chemin d'ascension dans un monde qui ne nous correspond plus ?
Une question honnête que tout être devra se poser lorsqu'il entreprend son ascension.

Cette expérience n'implique pas de se déconnecter du monde et des autres êtres, mais d'apprendre à vivre avec eux tout en restant « connecté » à son Essence.
Ce n'est pas une tâche facile, car l'ascension implique une plus grande sensibilité, empathie, une transformation de vision, un nouveau langage, on vous prendra pour fou, décalé, différent...

Alors, quelle est la posture à avoir ? Comment survivre dans cette Masse ?
En ayant Confiance.
On ne le dira jamais assez, car c'est facile pour l'humain d'« oublier », alors tâchons de nous rappeler les uns aux autres, la beauté, l'espoir d'un lendemain rayonnant pour nous et pour les autres.

Il ne s'agit pas d'ignorer les difficultés, mais de « faire de son mieux » pour les traverser...

Notre rôle est d'incarner la meilleure version de nous-mêmes et de nous rappeler que le Un est en nous et en chaque chose.

Dans le vivre ensemble...
Concentrons-nous sur nous-mêmes...
Faisons tout en respect pour LA VIE
Demandons-nous à chaque action : est-ce que cette action va dans le sens de LA VIE ?

Regroupons-nous... avec patience et bienveillance, guérissons-nous, éveillons-nous chaque jour un peu plus.

Faisons une Action ou une Inaction pour NOUS honorer sur ce chemin.

Honorons l'expérience...

À suivre...

Moment de gratitude !

Je remercie TOUTES les versions de moi même d'avoir contribué à mettre ce livre entre vos mains. Toutes les unités de conscience, le Un.

Merci à ma mère qui m'a soutenue dans l'écriture de ce livre avec ses encouragements, sa générosité d'idées et d'effort pour consacrer l'espace sacré à l'Écriture.

Merci à mon mari qui embarque les yeux fermés dans mes aventures !

Merci à mon petit frère, un être étoile qui brille par sa sagesse sans en être conscient !

Merci à Éric Chenaud qui me rappelle que je suis une Maîtresse ainsi que tous ceux qui m'ont transmis leurs enseignements...

Merci à Marie-Paule et à Odile qui m'ont aidée à manifester ce manuscrit...

Merci à vous... d'être à l'origine de ce livre...

Vos inspirations

Vos inspirations

Qui est Ouassima ?

Ouassima Touahria est thérapeute, auteur et créatrice, elle est inspirée par la nature, la Magie et les étoiles.

Son rôle comme Dame Blanche et Gardienne du Temple de Vérité est d'aider les êtres Étoiles, les plantes et les espaces à se rappeler leurs origines et à reconstruire leurs colonnes de lumière avec les énergies cosmiques.

Connue pour sa créativité et sa douceur, elle manifeste différents outils pour aider avec le processus d'ascension et créer la Nouvelle Planète.

Elle aime aussi danser, dessiner, lire et regarder les dessins animés !

*Retrouvez Ouassima, ses différents programmes et livres sur son site web : **www.ouassimaqik.com** pour vous aider à manifester votre rêve d'Étoile sur Terre ou pour vous accompagner sur le chemin d'ascension*

Programmes et cours :

- L'art de la Prière alchimique et authentique en 7 jours

- Hypersensibles, Retrouvez votre Pouvoir !

- Introduction au monde magique des Fées

- MoveChallenge - Développez votre intuition en 21 jours, Retrouvez votre magie en 28 jours, Trouvez votre méthode de méditation en 21 jours

Livres :

- Les Arbres vous parlent. Comprendre les enseignements des arbres et les appliquer dans sa vie quotidienne

- Interprète tes dessins intuitifs, coauteur avec Paule Boucher

Oracle et jeux de cartes :

- La Guidance des arbres
- Le Self Coaching Kit pour Hypersensibles + Kit de survie
- Warwick Oracle

Voyages et Chants d'activations :

Voyages d'activation avec les Êtres magiques : Avec Poséidon, Maîtres ascensionnés, les 3 Déesses, Les anges et licornes.

D'autres ressources :

- Signes du jour de Paule Boucher
- Le Grand Dictionnaire des malaises et des maladies de Jacques Martel
- « La Clef vers l'Autolibération — Origines psychologiques de 1000 maladies » de Christiane Beerlandt.
- Christian Junod, Ce que l'argent dit de vous, Groupe Eyrolles. 2016.
- www.larousse.fr

www.ingramcontent.com/pod-product-compliance
Lightning Source LLC
Chambersburg PA
CBHW070529090426
42735CB00013B/2910